쉬이유,
문턱이라는
이름의기적

MARCHER POUR S'EN SORTIR

by Bernard Ollivier, David Le Breton and Daniel Marcelli

© Éditions érès, Toulouse 2012

Korean translation copyright © Hyohyung Publishing Co., 2014
This Korean edition was published by arrangement with Éditions érès
through Sibylle Books Literary Agency, Seoul.

베르나르 올리비에
길 잃은 아이들의 길 찾기 프로젝트

쉼이응, 문턱이라는 이름의 기적

베르나르 올리비에·다비드 르 브르통·다니엘 마르첼리 지음

임수현 옮김

효형출판

추천사

| 보리스 시뤼니크Boris Cyrulnik[*] |

인간이 걷지 않는다면 어떻게 될까? 우리는 200만 년 전에 아프리카를 벗어나지 못했을 것이며, 서식지의 환경 변화에 따라 자취를 감춘 동물들처럼 사라져버렸을 것이다.

아이들이 걷지 않는다면 말하는 법도 더디게 배우게 된다. 아직 언어를 익히지 못한 아기들이 아프거나 기분이 좋지 않을 때 다른 사람들에게 다가갈 수 없다면, 언어 습득은 명백히 늦어진다. 타인에게 다가가는 순간부터 상호작용이 시작되기 때문이다. 그리고 아이들은 언어를 배우면서 자기 표현의 도구를 발견한다.

기계문명으로 인한 육체적인 부동성不動性은 언어적 만남과 교환을 변질시켰을 것이다. 소년들은 학교 문화가 강제하는 육체적 부동성을 힘겨워한다. 학교에 가보면 아이들의 사회화 방식이 성별에 따라 서로 다르다는 것을 알 수 있다. 여자아이들은 두세 명이 모여 구석에서 은밀하게 수다를 떠는 반면 남자아이들의 선택은 극단적이다. 아예 입을 다물거나 열 명 정도 떼를 지어 소리를 지르고 놀면서 온 공간을 점유한다.

행동과 말을 통하여 자신의 공간을 확보하는 방식은 대체로 과학기술의 영향을 받는다. 과거 공동체 생활을 하던 농민들은 지배층이 가하는 제약에서 자유로울 수 없었으나 그렇다고 자살

* 신경정신의학자이자 비교행동학자. 현재 툴롱 대학교 교육학장으로 활동 중이다.

하지는 않았다. 현대에 이르러 자신의 삶을 스스로 선택할 수 있게 된 과거의 농민들은 기술자, 화학자, 기업가가 되었다. 그러나 이 외로운 사람들 사이에서 자살이 늘어나고 있다.

프랑스에서 자살 인구가 상대적으로 적은 곳은 파리와 남서 지역이다. 자살의 유혹에서 벗어난 사람들은 죽음이라는 생각과 맞서 싸우기 위해 거리나 남서 지역을 오랫동안 걸었으며 그 과정에서 또 다른 도보여행자 그룹과 만났다. 걷기와 만남, 그리고 함께 나눈 몇 마디 말이 그들을 다시 삶으로 이끌었다.

나는 미국에서 범죄자들이 말을 돌보는 걸 본 적이 있다. 캐나다 청년 센터의 청소년들은 움직이고, 말하고, 쓰고, 자신들이 겪은 일들을 연극으로 만드는 데 의무적으로 참여하고 있었다.

프랑스에서 만난 노인들은 개를 산책시키기 위해 매일 저녁 걸으면서 이웃들과 얘기할 수 있는 것에 행복해했다. 결국 걷기와 대화의 공간을 만드는 노력은 약화된 인간관계를 되살리는 방법이 될 수 있다.

뿐만 아니라 일주일 동안 걷고 나면, 그걸로 한 달 동안은 큰소리칠 수 있다. 이 또한 좋지 아니한가.

이제 가는 거다!

여는 글

우리는 겉보기에 전혀 상관없어 보이는 두 사건을 반드시 비교해 봐야 한다. 하나는 2011년 여름 동안 세계 여론을 움직인 사건이며, 다른 하나는 무관심 속에 사라진 사건이다. 몇 해 전 광부 수십 명이 남아메리카의 한 깊은 갱도에 갇혔다. 오로지 관 하나를 통해 세상과 연결된, 산 채로 묻힌 이 사람들로 인해 세계 여론은 들끓었고, 그들을 구출하기 위한 엄청난 노력이 시시각각으로 보도되었다.

같은 시간 동안, 수많은 미성년자가 영혼도 희망도 없는 도시 외곽에 고립되었다. 2005년 프랑스 교외 도시 클리시 수 부아 Clichy-sous-Bois에서 시작된 소요 사태와 2011년 영국 각지에서 벌어진 폭동 사건이 보여주듯, 10대들의 과격한 행동과 신속한 진압만이 잠깐 관심을 끌 뿐이었다. 미성년자들이 처한 불확실한 미래를 타개하려는 지속적인 관심은 찾아보기 어려웠다. 그러다 또 다음 사건이 터졌다.

남아메리카의 광부들은 좁은 관을 통해 한 명씩 빛으로 인도되었다. 그러나 생존이 절박한 청소년들에게는 충분한 손길이 미치지 못했다. 집단적인 차원에서 해결책을 찾을 수 없었던 청소년들은 깊은 상처를 입었으며, 고립은 갈수록 심화되었다. 오직 개별적인 도움만이 가능한 상황이었다.

'쇠이유Seuil'* 단체가 여러 어려움을 무릅쓰면서도 추구하는 것이 바로 이런 종류의 구조 활동이다. 쇠이유는 새로운 체험이자 일종의 사회적인 실험이다. '달리 어쩔 도리가 없다'고 생각

---

* 쇠이유는 세계적인 도보여행자 베르나르 올리비에가 2000년에 설립한 청소년 교화 단체이다. 우리말로 '문턱'을 뜻하는 단체 이름에는 걷기를 통해 소외된 청소년들이 사회의 문턱을 넘게 만들겠다는 의지가 반영되어 있다.

하는 냉소주의와 허무주의 그리고 불가피하게 발생할 수밖에 없는 실패들이 예상되지만, 마냥 손을 놓고 있을 수는 없기 때문이다. 청소년 문제에 대해 누가 '유일한' 해결책을 갖고 있다 말할 수 있는가? 우리는 해결책을 찾았다고 자처하지 않는다. 다만 걷기라는 열정적이고 사회적인 노력에 기대어 청소년 문제를 풀 수 있는 실마리를 찾으려고 애쓸 뿐이다.

이 책에는 여러 주역들이 모여 있다. 아동 담당 판사부터 아동 정신의학자, 인류학자, 변호사, 심리학자, 그리고 인생을 망칠 위기에 처한 청소년들을 돕고자 많은 노력을 함께한 교육관들까지. 또한 걷기를 통해 다시 세상으로 복귀한 청소년들의 증언도 들을 수 있다.

프랑스의 청소년 정책을 살펴보면, 억압이 아닌 교육에 초점을 맞췄던 1945년의 법령 이후에는 어떤 것도 이루어지지 않았다. 어쩌면 많은 움직임이 있었을지도 모른다. 그러나 그저 현상을 이해하는 데서 그치는 규정들을 끝없이 양산했을 뿐이다. 오히려 도시 외곽에서 젊은이들의 분노가 끓어오를 때마다, 조금씩 속박을 강화하고 벽을 더 높였다. 그리고 그 결과는 쓰라리다.

몽둥이를 드는 것이 통하지 않는다면, 지성과 개방 그리고 미래에 기대를 걸어보면 어떨까? 걷기를 통해 이러한 움직임을 실천하는 단체가 있다. 사회적 혁신을 추구하고 있는 벨기에에

서 30년 넘게 활동해온 오이코텐Oikoten 그리고 그 영향을 받아 탄
생한 프랑스의 쇠이유이다. 결국 교도소가 성공을 거두지 못한다
면, 걷기는 통할 것인가?

차례

3
전문가의 목소리

1

베르나르 올리비에의
목소리

몽둥이 대신
걷기를

| 베르나르 올리비에Bernard Ollivier® |

쇠이유의 철학은 아무리 심각한 상태의 청소년일지라도 그 자신이 모르는 지성적이고 육체적인 자원들을 지니고 있다는 믿음에 바탕을 둔다. 이와 같은 신념을 청소년들이 인식하고 증명하도록 지원하는 일은 근본적으로 그들이 사회에서 자신의 자리를 찾도록 하는 것이다. 걷기는 이러한 변모를 위한 도구이며, 청소년들은 변모의 주인공이다. 쇠이유가 추구하는 걷기의 철학은 이처럼

과정을 뒤집는 데 있다. 즉 사회에 재편입하는 과정에서 소외된 청소년들이 스스로 영웅이자 주체로 설 수 있도록 돕는 것이다. 걷기의 성공 여부는 청소년 본인의 의지와 그것을 결집하는 우리의 능력에 달려 있다. 완주 이후 청소년이 자신감을 되찾는 것은 당연한 일이다.

쇠이유는 '단절의 걷기'라는 특별한 방식을 적용한다. 10대 청소년은 성인 한 명과 함께 1,800킬로미터 정도의 여정으로 프랑스 인접 지역과 국가를 세 달 동안 걷는 일에 자발적으로 참여 의사를 밝힌다. 이들 대부분은 자신이 던진 질문에 답을 찾지 못하고 계속 실패만 거듭해온 청소년들이다. 교육관 또는 사회복지사가 쇠이유로 청소년을 인도하면, 아동 담당 판사 혹은 아동 상담소Aide sociale à l'enfance 조사관이 그를 우리에게 맡긴다. 쇠이유는 형사 기록이 없는 청소년은 물론, 수감 대신 걷기를 제안받았거나 이미 구류 중이지만 형량 조정을 위해 걷기를 택한 청소년도 모두 끌어안는다.

2010년 6월, 쇠이유는 창립 10주년을 맞았다.

● 쇠이유 설립자이자 의장. 주요 저서로 『나는 걷는다』가 있다.

개인적인 추억을 언급하는 것에 대해 먼저 독자들에게 양해를 구한다. 하지만 이 단체는 어떤 도피와 만남에서 시작됐음을 고백해야겠다. 예순 살이 넘어 은퇴했을 때, 나는 지독한 우울증에 빠졌고 행복은 물론 삶에 대한 의욕까지 잃어버렸다. 그래서 그저 역사적인 호기심만으로 콤포스텔라Compostela 길에 도망치듯 몸을 던졌다.

파리를 출발하여 베즐레Vézelay와 르퓌 앙 블레Le Puy-en-Velay를 거쳐 갈리시아Galicia 지방의 수도에 이르기까지 2,300킬로미터를 걷다 보면, 한 걸음 물러나 삶을 성찰해볼 수 있을 것 같았다. 그리고 걷기 시작한 지 며칠 지나지 않아 육체적 건강과 낙관적인 생각, 그리고 미래의 구체적인 계획들을 빠르게 되찾을 수 있었다. 정말 놀랍게도 걷기는 육체적으로도 정신적으로도 나를 재구성하고 있었던 것이다. 인생의 좌표들을 모두 빼앗아간 은퇴를 겪으며, 계속해서 쓸모 있는 사람이 되지 않으면 삶은 아무런 의미도 없음을 금방 깨달았다. 하지만 누구를 위한 일이어야 할까.

대답은 어떤 만남에서 왔다. 네덜란드어를 쓰는 벨기에 비행 청소년 두 명이 어른 한 명과 함께 나와 같은 목적으로 길을 걷는 것을 보았다. 그러자 자연스럽게 이런 생각이 들었다. 출발을 잘못해서 자신의 삶에서 의미를 찾는 데 어려움을 겪고 있는 아이들을 돕는 일에 여생을 바치면 어떨까? 걷기가 한 절망적인 퇴직자를 다시 일으켜 세웠다면, 사회 밖으로 추방된 아이들에게도 도움이 될 수 있지 않을까?

콤포스텔라에 도착해 결심했다. 앞으로도 걷기를 멈추지 않을 것이며, 길에서 만난 청소년을 파견한 오이코텐과 같은 일을 추진하는 데 온 힘과 수단을 모으겠노라고. 벨기에에 방문해서 이런 마술적인 걷기 프로젝트가 어떻게 운영되는지 금방 이해할 수 있었다. 콤포스텔라 모험으로 고무된 나는 계획을 실행해갔다. 그리고 예순한 살이 되었지만 스스로 '늙었다'고 생각하길 거부하면서 또 다른 길, 실크로드로 떠났다. 이스탄불에서 중국 시안에 이르기까지 네 번의 여름을 거쳤다. 이 여정을 담은 세 권의 책『나는 걷는다』는 엄청난 성공을 거두었다. 오이코텐에서 영감을 받은 기술적 방법과 책에서 번 저작권료를 기반으로 드디어 쇠이유를 시작할 수 있었다.

2000년 5월, 단체의 정관을 제출했고 얼마 후 파리에 본사를 둔 쇠이유가 탄생했다. 단체 이름이 왜 쇠이유일까? 소외된 청소년들이 사회의 문턱을 넘게 만드는 것이 우리의 포부이기 때문이다. 단어가 지닌 의미와 상징은 무겁다. 우리는 이 이름을 '신발 바닥'을 뜻하는 라틴어 'solea'에서 따왔다. 2,000킬로미터에 가까운 걷기를 이보다 더 잘 지칭하는 말이 있을까? 나아가 문턱이라는 말은 오늘날의 정착 문화에서 여러 의미를 내포한다. 문턱의 이쪽은 세속적인 곳이고, 문턱 너머는 성스러운 곳이다. 아프리카의 몇몇 부족에게 문턱은 곧 도전이다. 아시아에서는 존중의 의미로 신발을 벗고서 문턱을 넘는다. 죄수가 출구를 향해 문턱을 넘을 때, 문턱은 자유를 의미한다.

단체의 정관을 만들고 이름을 짓고 사무실을 마련하고 비품을 사는 일은 수월했다. 좋은 뜻을 지닌 사람들이 어느새 모여들었고, 열정이 넘치는 자원봉사자로 구성된 작은 팀이 만들어졌다. 이들 중에는 도보여행자가 특히 많았다. 언론에서 귀가 따갑도록 청소년 문제를 떠들어대지만 해결책이라고는 교도소와 몽둥이밖에 없는 젊은이들을 돕기 위해 새로운 방법을 찾아야만 한다고 믿는 사람들이었다. 정책 방향과는 반대되는 입장이었다.

이후의 과정은 그리 쉽지 않았다. 주요 조직을 구성할 때, 우리는 몇몇 이유로 유관 경험이 전혀 없는 퇴직자들을 배제하지 않았다. 그래서 쇠이유 이사회에는 사회사업과 관련된 교육자나 전문가가 포함되어 있지 않았다. 기자나 증권 전문가, 컴퓨터 기술자, 전력공사 퇴직자, 은행원, 부동산 중개업자가 뭘 하겠다고 온 걸까? 청소년 문제는 말 그대로 정식으로 학위를 받은 '교육 전문가'가 다루어야 할 일이었다.

전문적인 경험도 지식도 없는 이들이 이토록 민감한 문제를 개혁하겠다고 나서는 데 대해, 전문가 몇몇은 시큰둥한 반응을 보였다. 우리가 오이코텐의 전례를 내세우자 이런 대답을 들었다. "그렇긴 하지만 벨기에하고는 다릅니다." 우리의 암울한 상황과는 달리 벨기에와 캐나다에서는 범죄를 저지른 청소년들을 교도소로 보내는 손쉬운 방법에만 매달리지 않고, 이들을 이해하려는 연구들이 이루어지고 있다.

쇠이유가 추구하는 것은 자유이다. 우리는 분명 시대의 흐름에 역행하고 있다. 2002년 대통령 선거에서 미성년자들의 폭력 사태는 몇몇 정치가들에게 선거용 쟁점으로만 이용되었다. 언론과 후보자들은 일탈하는 청소년들을 집중적으로 조명했다. 극우 정당으로 분류되는 국민전선Front National이 결선 투표에 진출함에 따라 이 문제가 지닌 무게감은 아마도 많은 프랑스인의 투표를 좌우했을 것이다. 이런 맥락에서 당시 후보자인 자크 시라크Jacques Chirac가 법무장관인 도미니크 페르방Dominique Perben의 뒤를 이어, 청소년들을 수감하는 새로운 시설인 미성년자 교도소Établissement pénitentiaires pour mineurs(現 폐쇄 교육 센터)를 제안했다. 억압과 감금이 핵심이었다. 그런데 전문가도 아닌 사람들이 그것과 완전히 반대되는 해법을 제시하다니 생각도 할 수 없는 일이었다.

교도소에 쏟아붓는 비용은 교육에 할당된 예산을 고갈시켰다. 성벽과 쇠사슬로 이루어진 이 폭력적인 무대에서 쇠이유는 엉뚱한 작은 음악을 제안하고 있었다. 사회에 발붙일 자리가 없다고 판결된 아이들을, 가깝긴 하지만 심지어 외국까지 데려가 자유롭게 걸을 수 있도록 하다니!

"내 일은 불량배들 휴가 비용을 대는 게 아닙니다." 우리 말을 전혀 이해하지 못한 한 아동 담당 판사는 딱 잘라서 이렇게 말했다. 또 다른 여성 교육학자는 우리에게 이렇게 외쳤다. "청소년 문제에 대해 당신들이 제안하는 계획을 실현하는 건 불가능해요. 나조차도 할 수 없는 일입니다."

그녀는 이해하지 못했다. 비록 잘못된 방향의 도전이 이들을 일탈에 이르게 했을지라도, 청소년들에게 도전은 중요한 의미를 지니고 있다는 것을. 비록 일주일 만에 걷기를 포기하게 되더라도 그들이 대장정에 기꺼이 동의했다는 사실에 주목할 필요가 있다. 그래서 아이들을 조금이라도 더 멀리 가게 만드는 것이 우리의 일이 되었다.

버려진 아이들

우리에게 장거리 걷기라는 출발점을 제공한 오이코텐 또한 그 생각의 씨앗을 다른 곳에서 가져왔다. 아메리카 대륙에 살던 인디언 청소년 파푸즈papoose들도 우리 아이들과 비슷한 문제를 겪고 있었다. 그들은 자신이 원하는 전사의 위치에 오르기 위해서 의식을 치러야 했다. 그래서 사냥과 낚시, 전투의 기본을 배우고 도구와 무기를 만들며 아주 일찍부터 미래를 준비했다. 파푸즈들은 스스로 준비되었다고 생각할 때, 사막이나 숲으로 떠나 완전히 독립적으로 몇 달을 지낸다. 그 후 생존해서 돌아오면 사냥꾼 또는 전사로 자리 잡게 된다.

이로부터 영감을 받은 미국의 사회복지사들은 서부적인 요소를 가미해 '마지막 기회의 마차the last chance caravan'로 불리는 활동을 시작했다. 말이 끄는 마차에 비행 청소년들을 태우고 마부처럼 채찍질하게 한 것이다. '한 명의 잘못은 괜찮지만, 열 명이면 피해가 시작된다'는 사실을 청소년들이 깨우치도록 그들을 한 자리에 모았다. 그러나 청소년들이 너무 많아서 관리가 힘들어지자, 원래의 구상은 곧 폐기되고 말았다. 패거리의 법칙은 단순했다. 무리에 끼기 위해서는 남들보다 더 나쁘고, 튀고, 대담하고, 폭력적이어야 했다. 한마디로 급이 달라야 하는 것이다.

오이코텐은 변화를 고심하던 한 개방적인 검사의 지원에 힘입어 역사에 남을 여행을 조직하였다. 벨기에 북쪽에서 콤포스텔라에 이르는 2,500킬로미터의 여정에 플랑드르Flandre의 청소년들이 참여할 수 있게 된 것이다.

오이코텐의 방법에 깊이 영향을 받았지만 불행히도 우리는 그들처럼 자본이 없었다. 실천에 옮기는 일만 남아 있을 때, 사람들은 우리가 잘해봐야 실패할 것이며, 최악의 경우 재앙에 빠지게 될 것이라 예상했다. 미성년자 사법 보호 감찰기관Protection judiciaire de la jeunesse(舊 감독 교육 센터)의 한 공무원은 우리가 아이들의 준비물에 주머니칼을 포함했다는 것을 알고는 이렇게 외쳤다. "그 아이들은 동행자를 위협하거나 죽일 거예요. 돈을 훔쳐서 도망칠 거라고요!" 그러면 캠핑할 때 소시지는 어떻게 자르란 말인가? 그래서 우리는 끝이 무딘 칼을 준비했다.

인생이 조각난 이 아이들에게 가장 위험한 문제는 어른들이 아무 위험도 무릅쓰지 않는다는 것이다. 행정 조직과 소통하는 건 솔직히 어려운 일이다. 하지만 미성년자 사법 보호 감찰기관은 다른 행정 조직과 달라야 한다. 그 조직이 예전엔 감독 교육 센터Éducation surveillée로 불리던 것을 잊었단 말인가? 명칭이 '교육'에서 '보호'로 달라진 것은 의미심장하다. 그런데 누구를 보호한단 말인가? 아이들인가 아니면 어른들인가?

아이들과 함께 걸을 동행자를 찾는 것도 쉽지 않았다. 지나친 이상은 금물이었다. 학력이 높은 교육자는 염두에 두지 않았다. 우리는 그들에게 제대로 된 보수를 지급할 여유가 없었다. 그렇다면 돈 잘 버는 직장에서 나름 의미 있는 생활을 하며 안락한 생활과 휴가를 즐기는 사람 중 누가 상대적으로 낮은 보수를 받으며 휴일도 없이 하루 종일 일하려고 할 것인가? 세 달을 걷기 위해 다섯 달 동안 계약직으로 있어야 하니 쉽사리 선택하기 어려운 일이었다. 게다가 지원한 청소년들이 워낙 예측 불가능한 아이들이라 일단 동행자들을 교육한 다음에야 그들에게 출발 날짜를 보장해줄 수 있었다. 다행스럽게도 구인 광고를 보고 지원자들이 모여들었고 그들은 현장 교육을 받았다.

상황은 더욱 나빠졌다. 우리가 극복해야 했던 모든 난관을 여기에 열거하자면 너무나 길고 지루할 것이다. 이러한 장애물들은 한편으로 억압보다 교육을 우선시했던 1945년의 법령들이 어떻게 퇴색했는지 잘 보여준다. 청소년들이 많아지고 점점 더 폭력적으로 변하고 있다는 핑계를 대며 법령은 억압을 지향하는 쪽으로 수없이 개정되었다.

이에 대해 모든 전문가와 연구자는 이의를 제기한다. 1940년대 말, 열정적인 교육자들이 합당한 지원을 받으며 주도한 특별 교육 덕분에 전쟁 중 세 배로 증가했던 경범죄자 수를 상당히 줄일 수 있었다. 전쟁과 위기가 범죄자들을 '만들어내기' 때문이다. 시간이 흐르면서 경제적, 사회적 문제들이 거듭되어 도시 근교의 삶이 황폐해지자, 이중의 변화가 생겨났다. 전문가들이 추진하는 교육은 갈수록 엄격해졌다. 동시에 일관성 없는 정치적 결정들에 흔들린 행정부가 삶을 어렵게 만들기도 했다.

우리가 맞닥뜨린 가장 큰 어려움은 청소년 범죄에 대한 사회적 분위기였다. 청소년의 폭력성이 더 심각해지자 여론은 냉담한 반응을 표했고, 이를 등에 업은 공권력은 조금씩 상황을 뒤집어서 교육보다는 억압을 택했다. 언론도 이러한 움직임에 가세했다. 청소년의 폭력성 증가는 사실이라기보다 추측에 가깝다. 물론 수감자 수가 넘쳐나는 건 사실이지만 이것은 어른들이 수용되는 교도소에 해당한다. 계속되는 강도, 여성 폭행 사건에 식상한 신문들은 '잘 팔리는' 청소년 폭력 문제에 집중했다.

도시 근교 출신의 미숙한 젊은이들로 구성된 경찰은 이 특수한 문제에 대처할 준비가 덜 되어 있었고, 기괴하지만 수치상으로 설명하기 좋은 정책들이 만들어지는 빌미를 제공했다. 그들은 아동 담당 판사들이 지나치게 관대하다고 탓하며 책임을 전가했다. 경찰서를 수시로 들락거리는, 즉 '우범자'라고 할 수 있는 아이들을 너무나 쉽게 풀어준다는 것이다.

총체적으로 혼란스러운 상황이었다. 한쪽에는 문제의 본질을 파악하여 교육적인 해결책을 적용하려고 애쓰는 대다수의 교육자와 판사가 있었다. 반면 경찰에게 더 많은 실적을 올리고 더 많은 교도소를 만들 것을 강력히 요구하는 정책도 존재했다.

2011년 9월, 아직 재선을 위한 선거 운동을 시작하기 전이었음에도 니콜라 사르코지Nicolas Sarkozy는 첫 번째 공약으로 당시 40개였던 폐쇄 교육 센터Centre éducatif fermé를 20개 증설한다는 내용을 발표했다. 그의 적수인 프랑수아 올랑드François Hollande 또한 관용주의라는 비난을 받고 싶지 않았기에 이 문제에 대해서는 입장을 같이했다. 억압이 선거를 주도했다. 결국 청소년들이 피해를 입게 될 것이다. 자유주의 우파는 사회적 재활을 지향하는 북유럽과 캐나다 쪽의 정책은 외면한 채 '관용 제로'의 신봉자인 앵글로색슨 국가들의 정책을 지향한다. 이 정책을 따르는 미국에서는 치안 문제는 해결하지도 못한 채 교도소만 넘쳐나고 있다.

미성년자에 대한 것이라면 아주 사소한 범죄에도 혈안이 된 언론으로 인해 사람들은 자신의 아이는 과잉보호하면서 다른 아이들은 더 억압할 것을 요구한다. 핵심어는 '안전'이다. 모두가 이에 동의할 것이다. 만약 오늘날 모든 계층의 아이들에게 안정적인 교육과 직업이 제공된다면, 의심할 여지없이 안전은 더욱 잘 보장될 것이다. 하지만 현실은 그렇지 않다. 그러니 병을 고치기 위해서는 약이 필요한 것이다.

쇠이유는 치유적이면서 교육적이기도 한 단순한 방법을 선택했다. 바로 걷기이다. 물론 걷기가 만병통치약은 아닐 것이다. 사람들은 이 교육법을 쉽게 받아들이지 못했다.

우리가 직면한 난관들은 쇠이유의 존재를 위협할 정도였다. 안전이라는 그 성스러운 이름으로, 쇠이유는 창립 이후 2년 중 거의 1년 동안은 활동할 수 없었다. 외국에 나가 걷는 것이 허락되지 않았기 때문이다. 그 이유는 기상천외하게도 감기라는 전염병이었다.

모든 혁신은 기존의 습관을 뒤흔들었다. 정보를 이해하고 검토하여 장단점을 파악하기 위해서는 시간이 필요하다. 중앙난방을 고안해 일반화하기까지 한 세기가 걸렸다. 노트르담 성당을 짓는 데도 그만큼의 시간이 걸렸다. 내가 종종 '치유적'이라고 표현하는 걷기에 대해 이의는 물론 많은 중상모략이 있었고, 상황은 아직도 마찬가지다. 그러나 그들 중 누구도 제대로 걸어본 이는 없다. 걷기의 효과를 증명하기 위해 나는 우리가 '귀환 파티'라고 부르는 자리에 그들을 초대했다.

세 달 전에 폐쇄적이고 적대적인 태도의 한 청소년이 쇠이유에 왔다. 그는 싫은 내색을 하면서도 떠나는 것을 받아들였다. 무언가를 발견한다는 설렘 때문이 아니라 자신의 교육관을 기쁘게 해주거나 재수감을 피하기 위해서, 또는 교도소에서 나오기 위해서였다. 그런데 걷기에서 돌아온 그를 보고 부모와 판사, 교육관, 친구 들은 입이 벌어졌다. 100일 동안의 꾸준하고 일상적인 노력 덕에 건강해졌을 뿐 아니라 스스로에 대한 자신감으로 가득 차서 여정을 담은 사진첩을 사람들 앞에서 들춰 보였던 것이다.

아이들 중 한 명은 자신의 성공에 대해 다음과 같이 멋지게 요약했다. "떠날 때만 해도 전 어리숙한 녀석이었죠. 그러나 돌아 왔을 때, 전 영웅이 되어 있었습니다." 걷기는 흥분한 사람을 진정시켜줄 뿐만 아니라 조용한 사람을 자극하기도 한다. 어떤 아버지가 자기 아이를 보고 "게다가 너 키가 컸구나"라고 감탄하자, 동행자였던 이브는 이렇게 고쳐 말했다. "아니죠, 선생님. 이 친구는 몸을 다시 일으킨 겁니다." 세 달 전만 해도 이 소년은 상대방의 눈을 제대로 바라보지 못했으며, 등도 굽고, 의기소침하고, 삶을 제대로 맛보기도 전에 굴복한 상태였다. 변화에 대한 장애물들은 이러한 결과 앞에서 무너지게 될 것이다.

꽤 많은 공무원과 판사, 사회복지사 들은 걷기의 긍정적인 효과와 우리의 노력을 이해하고 있다. 쇠이유의 걷기는 결코 집단적인 교화 방법으로 적용되지 않을 것이다. 만일 담당해야 할 아이들이 많아지면, 지방에 작은 조직들을 만들어 이들을 개별적으로 지원함으로써 원칙을 유지할 수 있을 것이다. 이미 범죄를 저질렀든 범죄의 유혹에 노출되었든 간에 아이들은 도움이 필요하다. 그들이 나쁜 쪽으로 떨어지는 걸 기다리고 있을 필요는 없다.

우리가 형량을 중재한 덕에 교도소에 갇혀 있는 대신 걷기를 선택한 아이들이 즐겁게 걸을 것이라 생각할 수도 있겠지만 일반적으로는 그 반대의 상황이 일어난다. 이 아이들은 오랫동안 연속적으로 범죄를 저지르다 결국 교도소에 갔고 사람들의 도움을 끈질기게 거부해왔다. 더구나 교도소는 사람을 나태하게 만든다. "나태는 모든 악덕의 어머니"라는 속담은 옳다.

그들의 일상은 대부분 감방과 침대, 텔레비전으로 이루어진다. 그래서 걷기를 시작하고 며칠이 지나면 어떤 아이는 '교도소가 더 낫다'고 재빨리 결론을 내린다. 걷기는 그들을 마비 상태에서 끌어내 장을 보고, 식단을 결정하고, 요리와 설거지 등을 하도록 만든다. 감옥에서는 안 해도 됐던 걱정거리고, 집에서는 아이를 지나치게 사랑한 나머지 엄마가 시키지 않았던 잡일이다. 그리고 거기에 교육이 있다. 문제가 생길 때마다 아이는 최선의 해결책을 찾기 위해 동행자와 토론하고 협의해야 한다.

감금 상태는 그들의 자기중심주의를 부추긴다. 콘크리트 벽에 갇혀 현실과 격리되어 있기 때문에 음악 속으로 도피하거나 텔레비전에 등장하는 환상 또는 강도의 무용담에 빠지게 되는 것이다. (프랑스에서 악명 높은 범죄자인 메스린을 다룬 책은 교도소 도서관에서 가장 인기 있다.) 반면 걸을 때는 더위와 추위, 가파른 언덕 같은 피할 수 없는 어려움과 싸워야 한다.

걷기는 길을 떠난 아이들에게만 효과가 있는 게 아니다. 사람들의 시선도 바뀐다. 영원히 실패자로 남을 것이라는 아버지의 비난을 들으며 쫓겨난 아이가 있었다. 그 아이가 스스로도 해내지 못할 것이라 생각했던 걷기를 마치고 돌아오자, 아버지는 더 이상 그런 말을 할 수 없었다. 걷기 팀이 돌아올 때마다, 피로와 나약함과 분노를 이겨낸 아이와 동행자의 기쁨이 귀환 파티를 가득 채운다. 아이들이 귀환 파티에서 한 약속들이 모두 지켜질까? 이것이 우리가 매번 던지는 질문이다. 이 질문에 대해서는 나중에 다시 언급하기로 하자. 걷기는 어려움에 처한 청소년들에게 효과적일까? 언제나 그렇다고 확답할 수는 없지만 확인된 몇 가지 사실들을 살펴보자.

- 성별과 관계없이 아이들은 돌아올 때 태도가 완전히 달라져 있었다. 처음 며칠 동안은 일찍 일어나기 힘들어했지만 이내 습관을 들였다
- 아이들은 스스로에 대한 자신감을 갖고 돌아온다
- 아이들은 자기도 모르고 있었던 의지를 가질 수 있다는 걸 깨달았다

걷기 이후 모든 아이가 직업 연수나 학교 교육을 선택하지는 않았지만, 걷기가 진행된 세 달은 그들이 미래에 대해 스스로 질문을 던질 수 있는 시간이었다. 어른과 동행하면서 아이들은

조금씩 다른 사람과 스스로에 대한 신뢰를 갖게 되었다. 아이들에게 필요한 건 설교를 늘어놓는 것보다 그들의 말에 귀를 기울여주는 것이다. 이렇듯 치유는 말을 통해 이루어진다.

아이들이 보여준 변화는 학교로 다시 돌아가거나 일을 시작할 수 있는 가능성을 높여준다. 그들은 이제 정해진 시간에 일어나거나 잠을 자는 것과 같은 정상적인 삶에서 요구되는 질서를 받아들일 준비가 되었기 때문이다. 출감 후 쇠이유의 걷기에 참여했던 한 아이가 우리에게 이렇게 말했다. "밤엔 클럽 가고 아침엔 일하러 가는 걸 동시에 할 수는 없다는 걸, 걸어보니까 알게 되더라고요." 그는 지금 한 회사에서 직업 교육을 받고 있으며, 직원들 모두가 그를 만족스러워한다.

걷기의 절차

오이코텐에서 영감을 얻긴 했지만 그들의 방법은 워낙 혁신적이어서 프랑스에 그대로 적용하기는 어려웠다. 쇠이유는 시행착오를 거치며 우리만의 걷기를 조금씩 규정해갔다. 우리는 아이들 한 명 한 명이 모두 특별하며, 단체 작업은 하지 않는다는 원칙을 고수했다. 그리고 지금까지 성공적으로 걷기를 이끌어오고 있다.

쇠이유의 걷기 절차는 다음과 같이 요약할 수 있다. 쇠이유의 사회복지사에게 걷기에 대해 설명을 들은 후, 참여를 원하는 아이들은 우리에게 서면으로 신청한다. 판사가 아이를 맡기면, 우리는 동행자와 책임자를 각각 한 명씩 구한다. 프랑스에서 일주일 동안 준비 훈련을 한 다음, 외국의 한 나라를 선택하여 세 달 동안 걷는다. 전체 과정은 아이, 동행자, 책임자가 함께하는 걷기, 그리고 걷기 이후 연수와 귀환 파티로 이루어진다. 걷는 동안 두 개의 지원 그룹도 힘을 보탠다. 아이들이 다시 사회로 복귀할 수 있도록 모든 과정은 담당 교육자와 협력하여 진행된다.

아이들에 따라 걷기 절차는 매번 다르지만, 큰 틀에서 볼 때 아래 순서에 따른다.

첫 번째, 가능한 모든 해결책을 시도해봤으나 실패에 이른 아이에게 교육관 또는 판사가 걷기를 제안하고 쇠이유와의 만남을 주선한다. 우리는 그에게 앞으로 있을 '단절'에 대한 모든 정보를 제공한다. 즉 걷기가 진행되는 세 달 동안, 휴대전화와 녹음된 음악을 가져가는 일은 금지된다. 몇몇 아이들은 이 제약을 받아들이기 어려워한다. 하지만 그들은 의무적으로 규칙을 따라야 한다. 지원자가 과거에 겪었던 어려움과 결함, 그리고 무엇보다 그들의 잠재력을 더 깊이 이해하기 위해서 쇠이유 심리학자와의 만남도 이뤄진다.

두 번째, 지원한 청소년에게는 숙고할 시간이 주어진다. 그가 걷기에 참여하고자 한다면 직접 서명한 편지를 보내주어야 한다. 우리가 편지를 받으면 바로 준비에 들어간다. 우선 우리와 협정을 맺게 될 보호기관에 소식을 알린다. 이 기관은 미리 정해놓은 '일당'에 따라 걷기 비용을 지불한다. 쇠이유가 '보호소lieu de vie'로 규정되어 있어, 보다 합리적인 지원을 받을 수 있는 전형적인 교육 센터Centre éducatif renforcé의 자격을 얻지 못했기 때문이다. 동시에 지원자의 태도가 미온적이라 하더라도 의지를 정확히 확인하기 위하여, 다수의 인터뷰를 마련한다.

세 번째, 허가 결정이 나고 모든 서류가 정리되면, 쇠이유 회원 중에서 걷기 책임자를 정한다. 걷기 책임자는 가족과 연락하고, 교육관과 함께 작업하며, 쇠이유 수장인 폴 달락쿠아의 감독하에 여정을 결정하고 수행한다. 폴은 청소년을 향한 열정이 가득한 훌륭한 교육자로 은퇴하자마자 쇠이유에 합류했다.

네 번째, 동행자를 선택한다. 이 과정에서 몇 가지 요구 사항들을 고려하게 되는데, 동행자는 가능하다면 남자아이 또는 여자아이와 함께 걷고 싶다고 요청할 수 있다. 여기서 밝혀두자면 동행자에게는 의무적으로 수당이 지급되지만, 현재 쇠이유의 재정 여건상 걷기 책임자는 자원봉사자로 활동한다.

다섯 번째, 경로는 언제나 스페인, 이탈리아, 독일과 같은 인접 국가 중에서 선택한다. 기후 조건 또한 고려한다. 걷기가 연중 진행되기 때문에, 9월에는 롱스보^{Roncevaux}에서 세비야^{Sevilla} 쪽으로 한 팀을 그리고 2월에는 세비야에서 롱스보 쪽으로 한 팀을 파견할 것이다. 스코틀랜드에서 아일랜드까지 가는 여름 경로도 연구 중이다.

여섯 번째, 팀을 구성한 후에는 예외를 제외하고는 프랑스에서 일주일간 준비 훈련을 한다. 이 기간 동안 청소년과 동행자, 그리고 걷기 책임자는 서로를 알아가고 여정을 연구하며, 걷기의 규칙들을 정확히 숙지한다. 또한 필요한 장비를 갖추고, 일상적으로 걷고 뛰면서 체력을 다진다. 훈련 첫날부터 장보기와 요리, 설거지 같은 업무가 분담된다.

일곱 번째, 판사, 교육관, 가족, 친구, 애인 등 모두가 함께하는 출발 파티가 끝나자마자 걷기 팀은 기차나 비행기를 타고 독일, 이탈리아 또는 스페인으로 출발한다. 걷기 책임자와 동행자는 특히 걷기 초반에 매우 신경 써야 한다. 모든 게 다 잘 돌아가는 도보여행은 없기 때문이다. 처음부터 각종 위기가 모습을 드러낼 것이다. 준비 훈련을 했음에도 육체적 고통은 견디기 어렵다. 익숙한 장소와 사람에 대한 그리움, 지역 주민들과의 힘겨운 의사소통, 낯선 음식, 변덕스러운 날씨 같은 모든 변화가 괴로움의 원인이 될 수 있으며, 이는 곧 아이의 분노로 표출되기도 한다.

이 기간에는 더 이상 걷지 않겠다고 말하는 아이들이 나타나기도 한다. 하지만 이 고비를 넘기고 나면 분노나 절망은 곧 사라진다. 아이들이 점차 감정을 조절하는 법을 배우기 때문이다. 자발적으로 걷기에 참여한 아이들에게는 여전히 선택권이 있다. 만일 아이가 걷기를 단념하면 우리는 그저 아이들을 출발 지점, 즉 그들을 쇠이유에 맡긴 기관이나 판사에게 다시 데려다줄 뿐이다.

걷는 동안 숙소나 음식 등을 마련하기 위해 한 사람당 하루에 14유로를 쓸 수 있으며 돈은 공동으로 관리한다. 청소년이 함께 작성하고 서명한 보고서가 매주 단체로 도착하면 이 정보를 판사와 교육관, 경우에 따라서는 부모에게 전달한다.

여덟 번째, 걸은 지 30일과 60일이 되는 날, 걷기 책임자와 심리학자 또는 청소년 교육관으로 구성된 지원 그룹이 현장을 방문한다. 이들은 현 위치를 점검하고, 여정을 함께 돌이켜보며, 다음 단계를 같이 준비한다.

아홉 번째, 세 달 내내 두 명이 걷는 것은 아니다. 걷기가 3~4주 정도 진행되면, 보조 동행자 세 명이 각각 일주일 동안 파견된다. 보조 동행자는 우선 걷기의 진행 상황과 아이의 변화에 대한 정보를 단체에 전달해준다. 그리고 둘뿐인 여정의 단조로움을 덜어준다. 또한 반복되는 걷기로 타성에 젖어들 수도 있는 아이를 사회화하기도 하는데, 심리학자들은 이를 '삼각화triangluation'

라고 부른다.

다른 도보여행자나 주민들 또한 같은 역할을 수행한다. 사실 걷는 동안이나 숙소에 있을 때, 아이는 결코 혼자인 적이 없다. 보조 동행자라는 제3의 인물은 대개 나중에 동행자가 된다. 현장에서 걷기가 어떻게 이뤄지는지 이미 확인했기 때문에, 이론적인 내용을 갖추고 나면 앞으로의 작업을 준비할 수 있다. 이 모든 사람이 아이에게 끝없이 질문을 던진다. "넌 도착하면 뭘 하고 싶니?"

열 번째, 만일 쇠이유의 걷기가 그저 아이들을 며칠 또는 몇 주 붙잡아두는 것만을 목표로 했다면, 노력에 비해 효과는 거의 없었을 것이다. 그리고 걷기 프로젝트가 교육 또는 직업 계획으로 이어지지 않는다면, 보람도 금세 사라질 것이다. 걷기 책임자와 교육관의 연계가 절대적으로 필요한 것은 바로 이 때문이다. 판사나 사회복지사가 우리에게 허락한 기간이 끝났을 때, 아이는 여전히 위험이 도사리는 낯익은 세상으로 돌아간다. 이때 아무런 후속 조치가 준비되지 않는다면, 아이는 다시 방황하기 쉽다.

이런 관점에서 봤을 때, 걷기는 교도소에 있다가 쇠이유로 온 아이들에게 더욱 잘 적용된다. 사실 교도소에서 나와 가족과 동네로 돌아가는 것만큼 아이에게 갑작스러운 일은 없다.* 세 달

간의 걷기는 아이가 반성하고 사회에 적응할 수 있도록 돕는 일종의 완충지대 같은 역할을 할 수 있다. 아이는 주변의 압박으로부터 멀리 떨어진 장소에서 오랫동안 성찰하고, 자유롭게 미래에 대한 계획을 세우게 될 것이다.

사람들은 우리 사회가 교도소에서 풀려난 아이들이 같은 잘못을 되풀이하지 않게 해주는 해결책을 제시하지 못한다고 아쉬워한다. 물론 교도소 안에도 이런 일을 담당하는 교육기관이 존재한다. 하지만 인력과 지원이 너무나 부족할 뿐 아니라 교도소의 긴장된 분위기 안에서 서로에게 필요한 거리를 취하는 일은 매우 어렵다. 재범률이 높은 미국은 수감자가 15년 형을 살고 풀려났다가 몇 주 후에 다시 들어오는 것보다 그에게 1~2년의 직업교육과 사회화 과정을 제공하는 게 비용이 덜 든다는 단순한 계산에 따라 방향을 바꾸기 시작했다.

걷기 그 다음엔

2010년 6월, 전체 회의에 모인 우리 회원들은 열다섯 살 소녀 바툴을 박수를 치며 환영했다. 그녀는 놀라운 용기로 1,800킬로미터에 이르는 여정을 막 마치고 돌아온 것이다. 동행자 파스칼이 두 달 동안 계속 설득하려고 노력했지만 그녀는 학교로 돌아가기를 완강히 거부했다. 그러던 어느 날 저녁, 길에서 만난 어떤 스위스 도보여행자가 바툴에게 같은 말을 했다. 이틀 후, 그녀는 갑자기 걸음을 멈추더니 파스칼에게 이렇게 말했다. "오케이, 나 학교로 돌아갈래요." 바툴의 변모는 10주년을 맞은 쇠이유가 받은 가장 아름다운 보상이었다. 그런데 우리는 10년 후에도 이렇게 기쁜 순간을 맞이할 수 있을까?

지금과 같은 상황이 계속된다면 앞날은 어둡다. 어떠한 조직도 자원봉사자들의 활동에 기대서만 지속할 수는 없다. 쇠이유가 시작될 때부터 있어온 의심과 경계로 인해 후원기관으로부터 받는 경제적 지원은 턱없이 부족하다. 자원봉사자들의 훌륭한 의지가 쇠이유를 지금까지 이끌어온 큰 원동력이다. 그러나 언제까지 이렇게 운영될 수 있을까? 회원 수는 많은 편이지만, 현재의 재정 상태로는 쇠이유가 전문화 단계로 넘어가기 쉽지 않다.

쇠이유는 10년 동안 여러 시행착오를 거치며 나름의 연구를 해왔다. 이제는 법적인 결산이 필요했다. 그래서 전문 회사를 불러 내부 평가에 착수했다. 이 작업을 통해 모든 단계를 하나씩 분석하고 몇 가지 요소들을 개선할 수 있었다.

그 다음으로 정부에게 승인받은 평가 전문 회사를 통해 평가를 받았다. 전직 사회복지사가 이끄는 이 회사는 연구의 진정

성과 결과를 믿어도 좋을 만큼 능력이 있었다. 완전한 자율성을 부여받은 전문가들이 아이들과 가족, 교육관, 동행자, 자원봉사자 들을 만나고 인터뷰했다. 그들이 내린 결론은 우리에겐 다행스러운 것이었다. 평가 결과는 후원기관들에 보낸 쇠이유 활동 보고서의 발췌문을 통해 독자들이 직접 판단해보기 바란다.

- 목표들은 일관성 있으며, 서로 연결되어 있다
- 동행자들에게 수준 높은 교육이 이루어지고 있다
- 목표 달성률이 높다
- 여정을 마친 청소년들이 얻은 효과는 부정할 수 없다
- 이 단체는 계속 확대하여 적용할 만한 유익한 방법으로 사회의 필요에 부응하고 있다

이러한 평가 보고서를 받고 이어서 아동 상담소와의 인터뷰를 거친 결과, 쇠이유는 시험기관으로서의 자격을 3년 연장받았다. 한편 미성년자 사법 보호 감찰기관도 감사에 착수했는데, 그 결과는 아직 알려지지 않았다. 우리가 바라는 것은 그 기관이 고통받는 청소년들을 돕는다는 목표에 전적으로 그리고 아무 문제 없이 전념할 수 있도록 길을 터줬으면 하는 것이다. 어려움에 처한 청소년들을 그저 기관이나 교도소에 가두고 감시하기보다 우

선 도와야 한다. 불행하게도 우리 사회는 너무나 자주 손쉬운 방법만 택해왔다.

우리에게 허용된 일당을 고려한다면, 쇠이유는 경제학자들이 말하듯 '구조적으로' 적자일 수밖에 없다. 국경을 넘는 데 방해가 되었던 감기 같은 예기치 못한 위험까지 고려하면 더욱 그러하다. 경제권을 쥐고 있는 기관들의 태도는 언제나 확고부동하다. 그 신성불가침의 일당 개념은 센터나 교도소 같은 고전적인 기관에는 적용될 수 있겠지만, 쇠이유의 경우는 다르다. 일당을 받으면 거의 의무적으로 결과를 내야 하기 때문이다.

아이가 자기 능력을 속단했거나 어느 순간 심리적인 불안으로 힘들어하면, 바로 적자가 발생한다. 걷기를 초기에 멈추면 적자 폭은 더욱 커진다. 동행자 고용, 장비 구입, 숙소 예약, 왕복 교통수단 마련 등 걷기를 실행하기 위해서는 많은 돈이 들어간다. 현실적인 어려움들을 피하기 위해 아무런 문제가 없는 청소년들을 대상으로 걷기 프로젝트를 기획할 수도 있었다. 하지만 우리는 그 반대로 가장 어려운 경우, 특히 수감 대신 혹은 형량 조정의 수단으로 걷기를 선택한 아이들과 함께했다.

자원봉사자들은 물론 보므닐Beaumesnil, 르마르샹Lemarchand, 강인한 정신Moral d'Acier과 같은 몇몇 재단, 여기에 실습생을 파견해준 파리 이공과대학까지 많은 곳에서 쇠이유를 돕고 있다. 그럼

에도 우리의 인적 자원으로는 잠재적인 기부자들을 독려할 시간이 부족하다. 도움이 필요한 청소년들도 마냥 기다릴 수가 없다. 우리에게 기회가 주어진다면, 아이들이 걷는 동안 얻었던 소중한 해결책을 잃어버리지 않도록, 그들에게 더 나은 후속 조치를 해주고 싶다. 쇠이유의 방법이 흥미롭고 효과적이라는 것이 알려진 이상, 걷기 대상을 파리 근교의 청소년으로 한정할 이유가 있을까? 다른 지역의 청소년이 참여 의사를 밝힐 때, 우리는 매번 그 지역의 아동 상담소나 미성년자 사법 보호 감찰기관과 긴 협상을 해야 한다. 예산이 한정되어 있어서 한쪽이 다른 쪽을 위해 비용을 지불하기를 거부하기 때문이다.

우리가 담당하는 청소년들 중 최소한 절반이 파리에 살고 있다는 사실은 매우 고무적이다. 그런데 파리에 사는 지원자들이 거의 없을 때가 있다. 그렇다고 파리의 기관들이 센 생 드니^{Seine-Saint-Denis}에 사는 지원자를 위해 비용을 지불하려 하지 않는다. 이해할 만한 일이다. 교육관들이 우리에게 맡길 아이들이 없다거나, 쇠이유가 대안으로 적절치 않다고 판단하는 것은 그들의 권리이다. 그러나 지원자가 파리에 살지 않는다는 이유로 아이들을 거절해야 할까? 집단생활을 더 이상 견디지 못하는 아이들을 받아줄 마땅한 단체가 없는 탓에, 이들은 사회복지사의 감시하에 파리의 호텔에서 몇 달씩 살고 있다.

자유를 제한하는 장소들은 지방에 분산되어 있다. 여섯 개의 미성년자 교도소가 거의 동서남북에 각각 있다. 교도소 안의 청소년 구역quartiers jeunes 또한 그러한 실정이라면, 쇠이유의 지부들을 만들지 않을 이유가 어디 있는가? 지원자들이 멀리 떨어져 있다는 이유로 쇠이유의 활동이 파리로 제한되어 있는 상황에서, 지부가 생긴다면 지역적 차원에서 유익한 활동을 할 수 있지 않을까? 복잡한 행정 절차를 넘어야 하겠지만 우리는 낙담하지 않고 계획을 추진할 것이다.

걷기를 의심하는 이들에게

쇠이유가 아이들을 맡기 위해 서류를 작성하고 행정 절차를 밟고 걷기 팀을 준비하기까지 3~6주 정도가 필요하다. 그런데 판사는 대부분 즉각적인 해결책을 찾는다. 우리는 절대 그런 요구에 부응할 수 없다. 걷기란 몸에 익을 때까지 시간이 필요하며 모든 강압적 수단을 거부하는 과정이기 때문이다.

행정기관들은 쇠이유가 일반적인 보호소보다 비용이 더 든다고 평가한다. 바로 이 점 때문에 우리는 가끔 비난을 받는다. 그러나 객관적으로 분석해보면 이런 논점은 근거가 없다. 보호소는 청소년을 '집단적으로' 담당하기 때문에 관리 비용이 분명 덜 든다. 반면 쇠이유에서는 한 아이를 맡을 때, 다섯 달 동안 고정적으로 일할 동행자는 물론 걷기 책임자, 심리학자, 그리고 세 명의 보조 동행자가 필요하다. 장비, 식사, 숙박, 이동 등에 들어가는 부가 비용도 고려해야 한다. 쇠이유를 다른 기관과 비교하고자 한다면, 적절한 대상은 미성년자 교도소밖에 없다. 우리가 쓰는 총 비용은 그곳의 15~20퍼센트 수준이며, 폐쇄 교육 센터와 대비하면 67퍼센트 정도이다. 감독기관이 쇠이유를 보호 가족이나 숙소 같은 보호소로 규정하면서, 우리에게 비싸다고 비난하는 것은 모순이 아닐 수 없다.

쇠이유는 교도소보다 더 효과적일까? 교도소에서 나온 청소년 네 명을 1년 동안 따라다녔던 한 플랑드르 기자는 책에서 당연해 보이는 결과를 밝혔다. 출감하고 1년이 지나서, 그들 중 세 명은 다시 수감되었다. 아직 자유롭게 살고 있는 네 번째 청소년은 오이코텐과 함께 걷기를 완수한 유일한 아이였다. 하지만 더욱 중요한 것은 형무 행정기관이 자체적으로 조사한 결과이다. 결과에 따르면 교도소는 특히 미성년자들에게는 어떤 경우에도 억제의 수단이 되지 못했다.

"걷기가 재범再犯을 막아줄 수 있을까?" 사람들은 우리에게 늘 이런 질문을 던진다. 많은 경우 대답은 "그렇다"이지만, 그 질문에 확실한 답을 하기에 쇠이유는 아직 얼마 되지 않았고 활동하는 데 수많은 제약을 받아왔다. 답을 얻기 위해서 이 책의 2부에 담긴 아이들의 체험담을 읽는 수밖에 없다. 주위의 무관심 속에서 길 끝으로 내몰린 이 아이들이 사회에 다시 편입되는 데, 걷기가 큰 도움이 되었음을 글에서 확인할 수 있다.

드물기는 하지만 어떤 아이들은 다시 범죄를 저지른다. 걷기를 함께한 사람들에겐 다소 실망스러운 일이다. 걷기가 모든 문제를 해결해주진 못했다. 그러나 재발 가능성 때문에 의사가 치료를 단념해야 할까? 범죄자가 재활할 수 있도록 돕는 일이 그들을 다시 교도소에 보내는 것보다 비용이 훨씬 덜 든다는 걸, 이 사회는 언제쯤 깨달을까? 재범의 위험에 대해 우리에게 자꾸 묻는 이유는 우리의 방법을 부정하기 때문일 것이다.

아이들이 재범을 저지르는 것은 걷기가 그들에게 가져다준 것을 완전히 자기 것으로 만들지 못했거나, 걷기 이후 사회에 편입할 수 있는 구체적인 희망을 발견하지 못했기 때문이다. 다시 말해 희망이 완전히 사라진 것은 아니다. 자신의 행동이 타인과 스스로에게 비극적인 결과를 초래할 수도 있다는 단순한 생각을 받아들이는 데는 시간이 필요하다. 청소년들의 걸음은 가끔 느릴 때도 있다. 이것이 오이코텐과 우리가 확인한 사실이다.

재범을 저지른 아이일지라도 머릿속에 각인된 걷기의 기억은 그를 떠나지 않을 것이다. 이 모험은 여전히 성공으로 남을 것이며, 아마도 그가 유일하게 자랑할 수 있는 긍정적 행위일지 모른다. 보리스 시뢸니크의 말처럼 일주일을 걸으면 한 달 동안 큰소리를 칠 수 있다. 그러니 100일 동안 걸으면 어떻겠는가! 아이가 천천히 자신감을 되찾게 되면, 자신에게 아무 선물도 주지 않았던 이 사회에 다시 들어오고 싶은 욕구가 생길 것이다.

쉬이유는 아무것도 강요하지 않는다. 우리는 아이들의 요구에 답하며, 그들과 동행할 뿐이다. 최근 몇 년 동안 정부는 미성년자 교도소와 교도소의 청소년 구역을 가득 메우고 있는 700여 명의 청소년을 수용하기 위해 엄청난 비용을 지출했다. 전 프랑스 법무장관 라시다 다티Rachida Dati는 폐쇄 교육 센터가 청소년 수감을 대신할 것이라고 진지하게 확신했다. 실제로는 그곳이 교도소의 대기실이라는 사실을 정말 모르고 있는 걸까? 절대다수의 정치인들은 일단 위협부터 한 뒤에 벌을 주는 방법에만 의존한다.

지난 10년 동안, 사람들은 미성년자와 성년의 형량을 점차 비슷하게 만드는 새로운 법들을 제정했다. 그들은 마치 그 둘이 같은 존재라고 생각하는 것 같다. 하지만 청소년의 경우, 자신이 저지른 행위에 대한 현실적 인식이 성년에 비해 미약하다는 사실을 모르는 사회학자, 교육자, 판사는 아무도 없다. 그러므로 이러한 강경책은 아이들의 불안을 더 강화할 뿐이다. 불안에서 벗어나기 위해 아이들은 타인 또는 스스로에게 폭력을 휘두르기도 한다.

불행하게도 청소년에게 자살은 허구가 아니다. 그럴 수밖에 없다. 그들의 과거가 증언하듯, 그들이 알고 있는 유일한 것은 자신에게 벌주거나 무관심한 사람들 그리고 사회가 행사한 폭력뿐이다. 이러한 고통을 극복할 수 있는 해결책이 하나 있다. 바로 교육이다. 하지만 위기에 빠진 아이들은 이미 오래전에 교육을 포기해버렸다. 교육과 멀어진 아이들이 다시 교육받기 원하도록 인도해야만 한다.

쇠이유는 권한을 독단적으로 행사하지 않고 그것을 적절히 나눈다. 동행자는 아이와 같은 거리를 완주하고, 같은 조건 아래서 같은 여정을 체험한다. 걷기 책임자는 항상 귀를 기울이고, 교육관과 접촉하며 걷기 이후까지 준비한다. 이러한 환경 안에서 교류가 가능해진다.

쇠이유는 걷기 이후에 대해 끊임없이 질문을 던진다. 세 달에 걸친 걷기 동안, 동행자는 아이가 독립적 존재로 거듭나도록 이끈다. 하지만 돌아온 후에는 어떻게 될까? 세 달 동안 아이들이 현실적인 자유와 상호 협력을 바탕으로 한 어른과의 관계를 경험했더라도, 아무런 전망 없이 다시 숙소나 보호 가족의 품으로 돌아간다면 환상은 깨지고 말 것이다. 슬프게도 현실은 그렇게 흘러간다. 판사가 아이를 다시 다른 기관에 보내기 때문이다.

아이들이 걷기를 마친 후 정상적인 삶으로 무사히 복귀하기 위해서는 절차상의 연속성과 협력이 반드시 필요하다. 성인인 동행자들조차 장기간의 걷기 후엔 '정착하는 과정'이 필요하다. 그래서 쇠이유에서는 그들에게 두 달 동안의 유급 휴가를 준다. 이러한 관련자들과의 지속적인 협력이 유익한 것임에도 불구하고, 아이들을 둘러싸고 있는 몇몇 전문 교육관들은 그동안의 발전을 그저 기록하는 것에 만족하고 아이를 다시 일상으로 밀어 넣는다. 그리고 아이는 우리를 벗어난다.

곳곳에서 아이들이 고통받고 있다. 우리는 과연 경찰과 도둑에 둘러싸인 도시를 원하는가? 그저 피어날 기회만 바라고 있는 이 아이들을 절망으로 단죄하기를 원하는가? 상황이 허락한다면 도시 외곽의 아이들은 상급 학교로 편입될 것이다. 그들에게 몽둥이가 아니라 따뜻한 손을 내밀어야 한다. 그들의 발목에 굴욕적인 전자 발찌를 채울 것이 아니라 그들의 발을 도약할 수 있는 받침대 위에 올려주어야 한다. 시간 낭비는 이제 그만하자. 그들과 함께 조금만 걷자. 그 후엔, 그들이 스스로 걸을 것이다.

동행이 필요한
아이들

| 베르나르 올리비에 |

교도소에 있었던 아이들 다섯 명 중 네 명이 출감한 후 5년 내에 재범을 저지르며, 그중 세 명은 2년 내에 다시 처벌을 받는다. 이 끔찍한 재범 비율은 그것을 막지 못한 공권력의 무능함만큼이나 믿기 어렵다. 2004년에서 2010년 사이에 처벌을 강화하는, 즉 재범을 줄일 목적으로 발의한 법안이 무려 일곱 개나 의회를 통과했음을 생각해볼 때 더욱 놀라운 일이다. 형무 행정기관이 스스

로 이를 고백했더라면, 미성년자 범죄를 다루는 정책이 다른 방향으로 움직였을지도 모를 일이다. 나사를 조일수록 문제 해결이 더 어려워지는데도 다시 또 조이려고만 한다. 교도소는 미성년자 범죄의 해결책이 아니라 그 원인이 되는 경우가 많다는 사실을 그 누구도 제대로 생각해보지 않았다. 교도소를 '범죄 학교'로 묘사하는 것보다 더 적절한 표현이 있을까?

2011년 《형무학과 범죄학 연구Les cahiers d'études pénitentiaires et criminologiques》에 발표된 보고서가 《르몽드》에 실렸다. 형무 행정 기관의 두 연구자 아니 켄세이Annie Kensey와 압델말리크 베나우다 Abdelmalik Benaouda는 미성년자를 구금하는 방식의 재활 시스템이 얼마나 쓰라린 실패를 가져오는지 보여주는 재범 수치를 제시했다. 그들에 따르면 열여덟 살 미만의 청소년들 중 78퍼센트가 출감 후에 다시 범죄를 저질러 법의 심판을 받았다. 그리고 다수인 68퍼센트가 다시 수감되었다. 반면 쉰 살 이상인 범죄자의 재범률은 29퍼센트이고, 이들 중 19퍼센트가 재수감된다.

출감 후 첫해가 가장 위험하다. 출감 후 1년 내에 54.6퍼센트의 청소년들이 다시 법정에 선다. 연구자들은 이로부터 명백한 결론을 도출해낸다. "미성년자들이 교도소에서 나온 후 2년 동안은 그들과 동행해주는 것이 중요하다. 그렇지 않으면 그들은 다시 추락하고 만다."

이 연구는 또한 다음과 같이 밝히고 있다. "재범의 위험은 가석방된 사람들보다 형벌 조정에서 어떠한 혜택도 받지 못한 사람들에게서 1.6배 더 높게 나타난다." 다시 말하자면, 형량 조정이 없을 경우 63퍼센트가 5년 내에 다시 처벌을 받는 것에 비해 보호 관찰관이 있는 출소자의 경우는 39퍼센트에 불과하다. 켄세이는 이렇게 결론을 내린다. "상대적으로 더 취약한 상황에 놓여 있는 사람들이 실제로 존재한다. 그러므로 형량의 개별화와 보호 관찰관의 도움이 필요한 것이다." 문제는 예산 부족으로 인해 보호 관찰기관Service pénitentiaire d'insertion et de probation의 인원이 매해 줄어든다는 것이다. 감방을 하나 짓는 것보다 교육관을 한 명 고용하는 것이 비용상 더 저렴한데도 말이다.

몇 년 전부터 쇠이유는 가석방을 받거나 걷기를 통해 형량을 조정할 수 있는 청소년 수감자들에게 각별한 주의를 기울였다. 걷기에 참여한 미성년자에게는 개별적인 처우를 적용한다. 패거리 현상에서 벗어나기 위해서는 고독의 시간이 필요하다. 쇠이유는 세 달 동안의 걷기가 아이들에게 마치 과거를 걸러내는 일종의 체가 되기를 바란다. 걷기의 목표는 청소년 스스로가 자신을 교도소로 이끈 행동을 되새기며 짚어보고, 무엇보다 평온한 상태로 미래를 구상하도록 이끄는 데 있다.

모든 사회복지사가 출감 이후 이 위험한 기간에 대해 우려

한다. 어떤 행동이 초래한 결과는 저절로 만회되지 않는다. 우선 아이 스스로의 의지가 있어야 한다. 다시 강조하지만 아이가 머물렀던 기존의 환경으로부터 벗어나 평정을 유지할 수 있는 시간이 마련되어야 아이도 미래를 준비할 수 있다.

2011년 한 해 동안, 교도소에서 나온 10여 명의 청소년들이 형량 조정 또는 가석방을 받아 쇠이유로 왔다. 이들과의 작업은 특별히 까다롭다. 교도소에서 몇 주를 보내고 나면, 아이들은 어찌할 바를 모르고 괴로움과 절망에 빠지기 쉽다. 무기력에 길든 아이들은 노력을 거의 하지 않는다. 그들을 안심시키는 동시에 격려해야 하며, 특히 그들의 이야기를 들어주어야 한다. 수감되어 있는 동안 혼자서만 간직하던 모든 것을 아이들이 표현하게 하려면, 우리 동행자들은 정말 보석 같은 인내심과 관심을 길러야만 한다. 매일매일 나란히 걷는 일은 신뢰를 얻는 데 매우 유익하다. 같은 속도로 같은 목표를 향해 걷다 보면 자연스레 대화가 흐르고, 서로를 신경 쓰게 되며 애정이 생긴다.

2

아이와 동행자의
목소리

프랑스에서 이탈리아까지
하메드와 동행하기*

| 안토니 비고Anthony Bigot |

나는 쇠이유 사무실에서 하메드Hamed와 처음 만났는데, 그는 등을 굽히고 고개를 숙인 채 의자에 앉아 있었다. 일어났을 때 보니 키가 크고 호리호리했으며, 지상에서 180센티미터쯤 올라온 곳에 아이의 얼굴이 있었다. 그의 서류를 살펴보았다. 아직 범죄자는 아니었지만 몇 가지 어리석은 행동들을 했고, 일탈을 저지른 적이 있었다. 선생님을 때린 것이다. 가족은 북아프리카 출신이

었다. 어머니는 늘 숨어 다니는 처지라 거의 볼 수 없었고, 아버지는 자신의 권위를 독재와 혼동하는 사람이었다.

나는 마음을 닫고 있는 하메드에게 말을 걸었다. 아이는 목소리가 작았다. 늘 미소 짓고 있었지만 그 뒤로 자신의 불편함을 숨기고 있었다. 나는 하메드에게 편하게 말하자고 제안했다. 그도 겉으로는 동의했지만, 나는 도망치는 그의 시선을 붙잡을 수 없었다. 질문을 하면 대답을 했지만, 말을 시키지 않으면 더 이상 입을 열지 않았다.

걷기 장비가 갖춰진 후, 우리는 화가 모네의 집에서 멀지 않은 노르망디Normandie 지방의 지베르니Giverny 근처에서 출발해 준비 훈련 기간 동안 머무를 안락한 숙소로 향했다. 도착하자마자 걷기 책임자 나탈리와 나는 하메드에게 앞으로 걷기가 어떤 식으로 진행될지 대략적으로 설명해주었다. 그는 모든 내용에 동의했으며, 우리의 제안을 호의적으로 받아들였다.

- 2010년에서 2011년 동안 두 개의 걷기 팀이 이탈리아를 걸었다. 한 팀은 북쪽에서 남쪽으로, 다른 팀은 반대 방향으로 움직였다. 두 명의 동행자 안토니 비고와 크리스토프 피크말은 악천후 속에서 이루어진 아이들과의 공동생활을 일정별로 이야기할 것이다. 하메드와 안토니의 걷기는 2010년 9월 프랑스 브리앙송Briançon 지역에서 출발하여 2011년 1월 이탈리아 남단인 카탄차로Catanzaro에서 마무리되었다.

걷기가 거의 끝나갈 때쯤 그는 사실, 처음에 다 그만두고 도망치고 싶었지만 차마 그러지 못했다고 고백했다. 이처럼 그는 생각을 좀처럼 드러내지 않았으며, 자신의 불안을 너무나 잘 숨겨서 알아차릴 수 없었다. 나와 나탈리는 의논 끝에 하메드가 팀 안에서 자기 자리를 확실히 잡고 어른의 권위 앞에 주눅 들지 않도록 신경 쓰면서 걷기를 진행하기로 결정했다. 하메드는 자신의 아버지를 대할 때처럼 나를 대하고 있었다.

하메드가 훗날 밝히길 처음에는 걷기가 그리 중요한 일이라고는 생각하지 않았고 오히려 벌을 받는 게 아닐까 의문을 품었다고 한다. 그는 학교에 다니지 않아서 아는 게 별로 없었는데 심지어 이탈리아가 어떤 나라인지도 모르고 있었다. 그저 키만 홀쭉하게 큰 어른의 몸을 가진 아이였던 것이다. 준비 기간 동안 그는 일을 분담하기도 했지만, 누가 부탁하지 않으면 아무것도 하지 않았다. 여전히 수동적으로 복종하는 태도를 보였으며, 자기가 잘한 건지 잘못한 건지에 대해 늘 걱정스러워했다.

한번은 같이 요리를 하다가 그가 계란을 떨어뜨렸다. 그는 얼어붙어서 나의 처분을 기다리고 있었다. 나는 못 본 체했다. 계란이 하나 떨어졌을 뿐이니까. 나중에 하메드는 아버지가 자신에 대한 전권을 가지고 있으니 그가 폭력을 휘두르는 것도 당연하게 생각한다고 조금씩 털어놓았다.

일주일 동안 하메드는 아침 일찍 일어나 걷기 연습을 했다. 몸을 다시 움직일 수 있는 상태로 만들어야 했다. 몸이 굳어 있었지만, 그는 자기가 2년 전에는 운동선수였다는 것을 금방 기억해 냈다. 걷기와 축구 그리고 신체 훈련 후에는 꼭 스트레칭을 한 시간 동안 하게 했다. 그런 덕인지, 매우 험난한 이탈리아 여정 동안 그는 근육통 한 번 느끼지 않았다.

걷기 전에 우리는 규칙을 정했다. 하메드는 모든 금지 사항을 두말없이 받아들였다. 청결 상태도 좋았다. 물론 씻으라고 얘길 해야 했지만 말이다. 그는 계속 말이 없는 편이었으며, 여전히 미소를 지으며 자신의 불안을 숨기고 있었다.

희망적인 변화

큰 문제없이 준비 기간이 끝난 후, 출발 파티를 열었다. 그의 부모님과 형제자매들, 교육관, 쉬이유 회원 몇몇과 대표인 폴, 그리고 걷기 책임자인 나탈리도 참석했다. 그녀는 아이와 믿음으로 연결되어 있었으며 이러한 좋은 관계는 절대 변하지 않을 것이다. 사람들 앞에서 자신의 다짐을 읽는 걸 두려워했던 하메드에게 나는 비법을 알려주었는데, 그는 너무나 손쉽게 그 일을 해냈다. 조촐

한 파티가 진행되는 동안, 그는 따로 떨어져 자기 형제들과 함께 놀았으며 어른들을 모른 체했다.

하메드는 개인적 물건은 아무것도 요구하지 않았고, 그의 배낭은 가벼운 편이었다. 폴과 나탈리, 그리고 아이와 나는 역 근처에서 함께 저녁을 먹었고, 우리는 밤 10시가 조금 지나서 브리앙송으로 가는 기차를 탔다. 출발에 대한 걱정 때문이었는지 하메드는 저녁 내내 몸을 숙이고 접시에 코를 박고는 묵묵히 먹기만 했고, 나탈리에게 말을 걸 때 말고는 존재감을 전혀 드러내지 않았다.

기차에서 우리는 어떤 남자와 객실을 같이 썼는데 그가 아이를 사로잡았다. 악기를 만든다는 그는 아주 매력적인 사람이었고, 첼로에 대해 열정적으로 이야기했다. 그의 말에 따르면, 첼로는 16세기에는 매우 대중적인 악기였지만 19세기에 엘리트들이 독차지했다고 한다. 하메드는 그의 이야기를 입을 벌린 채 집중해서 들었다. 그가 평소에 짓던 가면 같은 미소가 드디어 사라지고 처음으로 즐거워하는 모습이 보였다.

고도 1,329미터에 위치한 브리앙송은 프랑스에서 가장 높은 곳에 있는 도시이다. 아침에 역에 도착했을 때는 날씨가 그리 덥지 않았다. 그런데 걷기 시작하고 얼마 되지 않아서 첫 번째 사건이 일어났다. 아침 식사를 했던 식당에 하메드가 반지를 두고 나온 것이다. 나는 망설였다. '벌써 3킬로미터 정도를 걸어왔는데 다시 돌아가야 할까?' 나는 돌아가기로 결정했지만 먼저 하메드에게 집중하지 않으면 앞으로 힘든 일들이 계속 일어날 것이라고 주의를 줬다.

나는 준비 기간 동안 한 가지 사안에 대해 계속 생각해왔고, 결국 나탈리에게 얘기해서 그녀의 동의를 얻었다. 그것은 바로 카메라를 사는 것이었다. 하메드는 또래에 비해 아는 것도 거의 없었고 글을 쓰는 것도 좋아하지 않았다. 그런 그에게 카메라는 폐쇄적 성격에서 벗어나 스스로의 이미지를 개선하는 데 긍정적인 매체가 될 수 있을 것이라고 판단했다.

우리가 산속을 걸어가는 동안, 하메드는 나에게 질문을 많이 했다. 그중 어떤 것들은 프랑스에 바다가 있는지, 공룡은 존재하는지 등의 유치한 질문이었다. 하지만 이런 질문들을 통해서, 그가 걷기에 몰입하고 있다는 것을 확인할 수 있었다. 그는 걷기를 위한 단절을 받아들였고, 걷기에 참여한 것에 대해 더 이상 의심을 품지 않게 된 것이다.

걷기 첫날 밤은 최악의 밤 중 하나였다. 우리는 숲에서 야영을 해야 했다. 나는 서두르지 않고 하메드가 텐트를 설치할 수 있도록 시간을 충분히 주었으며, 그가 곤경에 빠졌을 때만 개입했다. 우리는 큰 램프를 켰고, 하메드에게 말을 시키려고 카메라로 그를 인터뷰했다. 하메드는 밖에서 자는 것이 처음이었다. 몇 주 후 우리 사이에 신뢰가 형성되었을 때 하메드는 자신은 원래 밤을 무서워하고, 이 첫날 밤이 자기에겐 엄청난 시련이었다고 털어놓았다. 하지만 그는 용감하고 조용히 두려움을 극복해냈다.

텐트 안은 영하 3도라서 무척 추웠고, 우리는 잠을 거의 자지 못했다. 아침엔 텐트를 덮은 얼음을 긁어내야 했다. 몸이 꽁꽁 얼어버린 우리는 따뜻한 음료를 마시기 위해 카페에 들어갔다. 하메드는 종업원이 우리를 전혀 특별하게 보지 않는 것에 놀랐다. 그는 아마도 자신이 뛰어든 모험을 모든 사람이 알아주길 바라고 있었던 모양이다.

종업원이 그에게 담배를 피우는지 물어보았을 때, 그는 "아니요"라고 대답했다. 내가 담배에 불을 붙일 때 그는 부러운 듯 나를 바라보았다. 그는 결국 일주일 후에, 사실은 자기도 몰래 담배를 피운다고 고백했다. 자신이 무조건적인 존경을 바치며 우상처럼 숭배하는 아버지가 무서워서 그동안 숨긴 것이었다.

첫 주 동안 하메드는 지속적인 도움을 필요로 했다. 걷는 시간과 멈추는 시간을 비롯한 모든 것을 내가 결정해야 했다. 그는 연약했다. 하지만 나는 그의 적응력과 발전에 몇 번이나 놀랐다. 그는 자신이 저지른 못된 짓들에 대해 내게 얘기하기 시작했지만, 심각하게 받아들이지는 않았다. "뭐 별것도 아녜요"라는 식의 전형적인 범죄자들의 태도였다. 나탈리와 나는 하메드가 어떻게 하면 자신이 저지른 행동의 심각성을 인식할 수 있을지 고민했다.

걷는 동안 하메드는 내게 그야말로 '찰싹' 붙어 있었으며 잠시도 떨어지지 않았다. 나에게 잠시도 쉴 틈을 주지 않는 것 그리고 그가 자립심을 기르려 하지 않는 것이 갈등의 원인이 될 수 있었다. 폴은 나를 안심시켰다. 그 나이에 자립심이 부족한 건 크게 걱정할 일이 아니라는 것이다. 아직 세상에 눈을 뜨지 못한 아이일 뿐이니까. 그 결과 나는 여행 내내 인내심을 최대한 발휘해야 했다. 하메드의 존재와 침범, 자립심의 결핍, 그리고 질문들을 도저히 견딜 수 없었던 때도 있었다. 그에게서 떨어질 수 있는 밤에조차 하메드는 코를 골아댔던 것이다! 그래도 나는 걷는 동안 원기를 회복할 수 있는 순간들을 만들어낼 수 있었다.

첫 달은 험난한 여정의 연속이었지만 큰 위기가 닥치지는 않았다. 우리는 고지대를 걸었으며, 끔찍한 상황에 처하기도 했다. 브리앙송부터 로마까지는 쉴 만한 곳을 자주 발견했지만, 텐트 안이나 도로 위에서 자야 할 때도 있었다. 하메드는 이 모든 상황을 견뎌냈다. 겉보기에 너무나 연약한 아이가 강인한 모습을 보이는 것에 나는 놀랄 수밖에 없었다. 그는 이탈리아어 몇 마디를 빠르게 익혔으며, 여행이 끝날 때 즈음에는 혼자서 숙소나 식료품점을 찾아내기까지 했다.

로마를 지난 다음부터는 도로에 더 이상 이정표가 없어 매우 힘들었다. 숙소나 먹을 것을 발견할 수 있을지도 미리 알 수 없었다. 토스카나Toscana 지방을 걸으면서 하메드는 아름다운 경치를 감상하기도 했지만 특히 동물에 관심을 보였다. 도중에 우리는 버려진 강아지 두 마리를 만났다. 그는 강아지들을 안고 이 집 저 집 문을 두드리기도 하고 지나가는 자동차를 세우기도 했다. 시간이 지체되었지만 나는 길가에 서서 가만히 그를 지켜보았다. 하메드는 어떻게 해서든지 자동차가 멈추도록 했다. 강아지 주인을 찾기 전에는 다시 이동하지 않을 작정이었다.

우리는 긴 저녁 시간을 달래기 위해 연극을 자주 했다. 우리를 맞아준 성당 안에는 대부분 무대가 딸린 방이 있었기 때문이었다. 함께 각본을 쓰고 변장할 의상들을 빌리고 어떻게 연출할 것인지 연구했다. 하메드는 그 일에 재미를 느꼈는지 저녁마다 내게 연극을 제안했고, 할 때마다 마치 이제껏 한 번도 연기해본 적이 없는 것처럼 집중했다. 그러나 사람들이 많을 때는 종종 상황이 복잡해졌다. 하메드는 어른들과 지내는 것을 어려워했기 때문이다.

어느 날 저녁, 어떤 커플이 그들 집에 우리를 묵게 해줬다. 하메드는 쉬이유 활동에 대해 길게 이야기하며 즐거워했다. 나중에도 그는 그 얘기를 자주 하며 글로 쓰고 싶어 했다. 숨 막힐 정도로 경치가 아름다웠던 어떤 마을에서는 수도사들이 우리를 맞아줬다. 벽 양쪽에 식탁들이 있는 긴 방에서 저녁 식사를 했는데, 한 식탁에 두 명씩 앉았다. 하메드는 식사 내내 맞은편 사람과 얘기했다. 저녁 식사가 끝난 후 신부 20여 명이 우리에게 함께 모여 대화를 나누자고 제안했고, 그들은 벽난로 앞에 있는 우리 주위에 자리를 잡았다.

그날 주로 얘기를 한 사람은 하메드였다. 나는 그가 언어 문제에 부딪칠 때만 개입했다. 그가 그 과정에서 느낀 행복을 이해할 수 있도록 나는 그에게 주변 사람들의 중요성을 강조했다. 그는 여전히 겸손한 태도로 자신의 원맨쇼에 대해 특별히 자랑스러워하지는 않았다. 하지만 그날 저녁의 일이 하메드에게 매우 깊은 인상을 남겼는지, 여정 내내 그때를 언급했다.

그 다음 날, 우리는 평소보다 열 배는 더 기운이 넘치는 상태로 걸었다. 매우 높은 고개를 넘어야 했는데, 눈보라가 몰아쳐서 무릎까지 눈 속에 파묻혔다. 추위와 눈 때문에 상황이 열악했다. 우리는 이마에 램프를 대고 이정표를 찾았다. 하메드는 절대 멈추자는 말을 하지 않았다.

걸은 지 두 달 후에 하메드는 생일을 맞이했다. 쇠이유의 관례에 따라 생일에는 부모님에게 전화를 거는 것이 허용되었다. 그는 이 순간을 몹시 기다려왔다. 그의 아버지가 전화를 받았다.

그는 1~2분 정도 아이와 통화하다가 나를 바꿔달라고 했지만 나는 거절했다. 하메드가 자신의 모습을 아버지에게 분명하게 보여주길 기다려왔기 때문이다.

나와 통화를 할 수 없게 되자 그의 아버지는 전화를 끊었다. 아이에게 그것은 충격이었으며, 따귀를 한 대 맞은 것과도 같았다. 하메드는 이야기하고 싶었기 때문이다. 나는 그가 무너지는 것을 보았다. 그러나 한편으로 이 사건은 하메드가 아버지에 대해 갖고 있던 이상적 이미지를 상대화하는 계기가 되었을 것이다.

보조 동행자와 지원 그룹

보조 동행자는 우리 여정에서 주목할 만한 사건을 남겼다. 첫 번째로 함께한 시골렌은 하메드에게 노래를 통해 자유로운 표현법을 알려주었다. 그녀가 떠난 후, 하메드는 폭풍우 속에서도 노래들을 지어내어 계속 불렀다. 두 번째로 함께한 보조 동행자 레티시아와는 조금 어려움을 겪었다. 그녀는 걷기에는 전문가였지만 시골렌과는 달리 하메드가 좋아하는 놀이에는 별로 취미가 없었다.

보조 동행자가 합류하고 며칠간 하메드는 잘 적응하지 못했다. 그는 여자 앞에서 어떻게 행동해야 할지 알지 못했으며, 레티시아가 자신에게 애정을 보이지 않는다고 생각하며 버려졌다는 느낌을 받았다. 더 심각한 것은 그가 우리로부터도 버려졌다는 생각을 하게 된 것이다. 하지만 우리는 여기서 그의 변화를 발견할 수 있었다. 그는 자신의 심정을 이렇게 표현했다. "내가 그룹에 속해 있다는 느낌이 들지 않아요." 하메드가 예전에는 아무 말도 하지 않았던 것을 고려한다면, 이것은 엄청난 발전이었다.

우리는 하메드에게 레티시아는 너를 좋아하기 위해서 여기에 온 것이 아니라고 설명해주었고, 그는 이해했다. 세 번째로 함께 걸은 프레데리크가 왔을 때도 상황은 순조롭지 않았지만 시간이 지나자 그는 상황을 이해했고 모든 게 잘 진행되었다. 나탈리가 순회 점검을 하기 위해 우리에게 오기 전, 하메드는 그녀를 몹시 기다렸다. 그는 나탈리가 오자 다시 힘을 얻었다.

두 번째 지원 그룹으로 하메드의 담당 교육관이 왔다. 하메드는 그 만남을 조금 불편해했는데, 평등하고 협력적인 관계에 익숙해진 하메드에게 교육관이 출발 전과 똑같은 투로 대했기 때문이었다. 하메드는 교육관과 다시 복종의 관계에 놓이게 되었으며, 이것이 그를 다소 불안정하게 만들었다.

쇠이유의 동행자인 크리스토프는 우리와 거의 동시에 출발했는데, 그는 다비드와 함께 팔레르모^{Palermo}에서부터 우리와 반대 방향으로 걷고 있었다. 우리는 중간에서 마주칠 예정이다. 하지만 길에서 마주친 강아지 때문에 우리가 늦게 도착하게 되었고, 하메드는 그 어린 짐승들이 더 중요하다고 분명하게 말했다. 우리는 결국 오후 5시가 되어서야 만날 수 있었다.

함께 저녁을 먹는 동안 아이들은 서로 별로 말을 하지 않았다. 마침 마을에 축제가 있어서 구경하러 갔지만 다음 날 여정 때문에 금방 돌아왔다. 그때 회전목마를 타고 있던 아이들은 자기들끼리 얘기를 나누었다. 하메드는 나중에도 그 만남에 대해서는 특별히 얘기하지 않았다. 두 아이는 서로 많이 달랐고, 나는 아마도 다비드가 금방 주도권을 잡았을 거라고 생각했다.[●]

폭풍우와 눈보라 등 우리는 많은 역경을 헤쳐왔다. 지도에

● 혼란을 겪고 있는 아이 두 명과 함께 걷는 일은 매우 어렵다. 우리는 초반에 이 방법을 시험해보았지만, 여러 어려움으로 인해 '2인조'(네 달 동안 아이 두 명과 2,500킬로미터를 걷는 것)보다 짧고 더 효과적인 '솔로'(세 달에 1,900킬로미터를 걷는 것)를 선택했다. 같은 시기에 오이코텐도 이 방식을 채택한 것은 우연이 아니다.

는 우리가 출발한 곳으로부터 30킬로미터 떨어진 지점에 마을이 하나 있다고 표시되어 있었다. 폭설을 뚫고 마을에 도착했지만, 사람이 살지 않는 집 네 채밖에는 없었다. 우리는 저체온증에 걸리기 직전일 정도로 몸이 얼어 있었다. 그때 자동차로 그 길을 지나가던 마르코라는 사람이 우리에게 와서 이렇게 말했다. "다음 마을은 20킬로미터는 더 가야 있어요." 너무나 절망한 나머지, 우리 둘은 미친 듯이 웃음을 터뜨렸다.

의리 있는 산사람인 마르코는 우리에게 자기 집으로 가자고 했지만, 그리하면 14킬로미터를 후퇴해야 했다. 우리는 어찌할 바를 몰랐다. 마르코는 다음 날 아침에 정확히 같은 장소로 다시 데려다주겠다고 제안했다. 20분 후에 우리는 따뜻한 차를 마시며 벽난로 앞에 있었다. 마술과도 같은 순간이었다.

다음 날 아침, 나는 걱정이 되었다. 폭풍우는 여전히 거셌고, 하메드가 못 버틸 거라고 생각했다. 그러나 그가 말했다. "준비하려면 서둘러야 해요." 그 말이 내게 다시 힘을 주었다.

하메드는 바다를 보는 것을 기다려왔다. 지금까지 한 번도 바다를 본 적이 없었기 때문이다. 그러던 어느 날 그는 언덕 꼭대기에 올라 그 아래 펼쳐진 바다를 발견했고, 정말로 순수한 기쁨을 맛보았다. 이후 더 가까이서 바다를 볼 기회가 있었지만, 그때의 감동에는 미치지 않는 듯 보였다. 하메드는 바다에 대한 노래를 한 곡 만들어서 몇 날 몇 주 동안 계속 흥얼거렸다.

물론 좋은 순간만 있었던 것은 아니다. 우리가 정면으로 부딪친 적이 딱 한 번 있었다. 산길을 가고 있었는데, 하메드는 지름길로 내려가고 싶어 했다. 하지만 그 길은 바위나 흙이 무너질 수 있어서 위험했다. 그래서 굽은 길로 돌아서 갈 거라고 말했지만, 그는 한순간 복종에서 독선으로 태도를 바꿨다. 자신이 뭐든 할 수 있다고 생각한 것이다. 그는 주먹을 꽉 쥐고, 5분 정도 나를 정면으로 바라보았다. "난 내가 하고 싶은 대로 할 거고, 가고 싶은 대로 갈 거예요."

나는 배낭을 내려놓고 그를 바라보며 물었다. "그럼 이제 어떻게 하면 좋겠니? 누군가와 뜻이 맞지 않을 때 너는 어떻게 하지? 그걸 어떻게 해결하니? 네가 어떤 식으로 반응했는지 잘 생각해봐. 숨을 크게 쉬고 나를 봐. 그리고 네가 어떻게 할 건지 말해보렴."

나는 하메드에게 조용히 일깨워주었다. 그가 마지막으로 어른에게 반항했을 때 그는 상대의 얼굴을 때렸고, 그 행동은 그가 앞으로 나아가는 데 전혀 도움이 되지 않았다고. 하메드는 자신의 느낌을 말로 표현하기 어려워했다. 그래서 우리는 함께 노력했다. 나는 하메드에게 자신의 뜻과 반대되는 상황에서도 스스로 균형을 잡아가야 한다고 말했다. 또 갈등이 있을 때 어떻게 대처해야 하는지, 어떻게 충동을 다스려야 하는지 설명해줬다.

여행이 끝날 때쯤에 그는 짜증을 내지 않고 자신의 느낌을 표현할 수 있었다. 걷기 이후 사람들이 하메드에게 직업 선택과 관련해 원하지 않는 제안을 했을 때, 그는 교육관들을 놀라게 했다. "난 동의하지 않아요. 내가 무슨 생각을 하는지 묻지도 않고 결정했잖아요." 이런 명확의 의사 표현은 그의 주변 사람들에게는 익숙지 않은 것이었다.

또 다른 갈등은 도착하기 얼마 전에 발생했다. 하메드가 내게 너무 붙어 다녀서 날 좀 '놓아달라고' 부탁했다. 우리는 피곤했고 게다가 전날 밤엔 길바닥에서 잔 상태였다. 나는 특히 그의 코골이 때문에 제대로 쉴 수가 없었다. 그는 자꾸 나를 자극했다. 나는 하메드에게 말했다. "너 정말 지긋지긋하구나." 그리고 조용히 커피를 마시려고 나왔다. 그는 자기 배낭을 집어 들더니 이렇게 말했다. "나 도망칠 거예요. 그래, 가버려요. 카탄차로는 쭉 직진하면 되니까." 그러나 300미터 떨어진 곳에서 그는 미소를 지은 채 나를 기다리고 있었고, 내게 사과했다.

여행이 끝났을 때, 하메드는 돌아온 것을 기뻐했다. 그는 풍경화가가 되겠다고 결심했다. 자연과 동물에 대한 사랑이 그를 새로운 꿈으로 인도한 것이다. 나는 다시 돌아오는 것이 조금 힘들었다. 내겐 아직도 에너지가 넘치고 있는데, 이제 그걸로 무엇을 할까? 돌아온 후에는 모든 것이 바뀐다. 길을 걸을 때는 우리가 자발적으로 사람들을 향해 다가가지만, 평범한 생활에서는 그럴 수 없다. 너무 적극적으로 사람들과 마주치면, 오해를 받을 수도 있기 때문이다. 그리고 이런 모험을 겪고 나면 일반적인 보호소나 다른 기관에서 하는 '고전적인' 교육 프로그램에는 지원하기가 어렵다.

하메드와의 동행 이후, 나는 다른 아이와 함께 스페인으로 다시 떠났다. 이번 아이는 범죄에 좀 더 가까웠다. 하지만 그와의 걷기 또한 잊지 못할 경험이었다.[**]

* 2012년 5월, 안토니 비고는 걷기 책임 업무를 강화하기 위해 쇠이유에 다시 채용되었다.

** 크리스토프와 다비드는, 안토니-하메드와 같은 시기에 반대 방향으로 걸었다. 그들은 팔레르모에서 출발하여 이탈리아 반도를 북상했으며 중간에 안토니-하메드 팀과 마주쳤다.

이탈리아에서 프랑스까지
다비드와 동행하기**

| 크리스토프 피크말 Christophe Piquemal |

2010년 9월 20일, 수감되었다가 풀려난 다비드^{David}를 나는 캉
^{Caen}에서 처음 만났다. 사실 그는 뜻하지 않게 쇠이유에 오게 되
었다. 쇠이유의 대표인 폴은 다른 아이를 만나러 소년원에 갔으
나, 그는 결국 합류하지 않았고, 거기서 다비드를 만나게 된 것이
다. 다비드는 처음엔 "나하곤 안 맞아요"라고 했지만 결국 걷기로
결정했다.

정식으로 다비드를 만났을 때, 그는 주위를 둘러싼 걷기 책임자 올리비에, 폴, 비서인 마리 크리스틴과 나 때문에 조금 불편했는지 고개를 숙인 채 말을 아꼈다. 그는 키가 그리 크지 않고 말랐으며 눈동자는 밤색이었다. 폴이 그에게 앞으로 진행될 일을 말해주었다. 나는 곧바로 그의 장비를 챙겨주었는데, 그건 관계 맺기를 시작하는 하나의 방법이었다. 다비드는 장비와 옷을 보고 놀랐다. 나는 그에게 우리가 악천후를 만나게 될 거라고 설명했다. 그는 내가 물건과 식기 등을 배낭에 잔뜩 넣는 것을 보고 또 놀랐다. 그가 말했다. "난 내 물건들을 갖고 갈 거예요. 걷기가 끝난 후에는 내가 고른 옷을 입었으면 좋겠어요." 다비드는 자신의 운동복과 양말, 그리고 후드티 등을 챙겼다. 걸을 때 입던 옷을 입고 시내에 나가는 게 싫었던 것이다.

새로운 것에 적응하기

준비 기간에는 퐁텐블로Fontainebleau에 있는 숙소에서 머물렀다. 집이 안락한 게 마음에 들었는지 다비드는 편안해했다. 올리비에와 나는 그가 까다로운 아이가 아니라는 것과 교도소의 식단과는 다른 음식을 먹게 되어 기뻐한다는 것을 확인할 수 있었다. 다비드는 요리보다는 설거지를 더 좋아했으며, 출발할 때는 퐁텐블로의 숙소를 열심히 청소했다. 그는 동기부여가 돼서 아침에 일찍 일어났으며 알아서 잘 적응했다. "넌 별로 말이 없구나." 올리비에가 이렇게 말하자 그는 "좀 기다려보세요. 곧 지겨워질 걸요. 난 말이 엄청 많거든요"라고 답했다. 실제로 두 번째 날부터 그는 긴장을 풀고 쉴 틈 없이 말했다. 고독했던 독방 생활을 만회하려는 것 같았다.

첫날에는 배낭 없이 걸었는데도 다비드는 다리가 아프다고 했다. 오랫동안 움직이지 않다 보니 신체적으로 적응하는 시간이 필요했다. 하지만 그는 불평하지 않았다. 저녁 때면 다비드는 피곤해했다. 그는 그리 건장하지도 않았고 배낭의 무게를 견디기 힘들어했으며, 자기 물건들을 자주 잃어버렸다. 퐁텐블로 숲에서 망토를 잃어버려 되돌아갔지만 찾지 못하고 다시 산 일도 있었다. 다비드는 좀처럼 집중하지 못했다.

다비드는 이탈리아로 떠나는 것이 기쁜지 계획에 대해 열심히 얘기했으며, 우리가 거칠 에트나Etna 주변과 이탈리아 마피아에 흥미를 느꼈다. 그에게는 무엇보다 누군가에게 말할 기회와 신뢰를 받는다는 느낌이 필요했다. 그는 어른, 가족, 교육관 그리고 교도소로부터도 단절되어 있었다. 나는 그의 이야기를 많이 들어줘야겠다고 생각했다. 다비드는 거기에 민감했다. 그는 자기 이야기, 특히 자신에게 결정적 영향을 미친 수감 생활에 대해 자주 이야기했다. 열여섯 살에 몇 달 동안 교도소에 있었으니, 특별한 경험이 아닐 수 없었다.

다비드는 모든 사람에게 깍듯하게 존댓말을 썼지만, 두 번째 날 나는 그에게 말을 편하게 하자고 제안했고 그도 기꺼이 동의했다. 그는 자기 앞가림을 꽤 하는 편이었지만 옷을 입거나 양치질을 하는 건 챙겨줘야 했다.

출발 파티 때는 다비드의 가족 중 누구도 오지 않았다. 쉬이유 관계자 외에는 담당 교육관인 비올레 부인만이 참석했을 뿐이었다. 그는 그의 약속 조항들을 또박또박 읽었다.

우리가 떠날 채비를 하고 있을 때, 다비드는 신발을 잃어버렸다는 걸 깨달았다. 우리는 허둥대며 가게로 가서 같은 신발을 다시 산 뒤, 팔레르모로 가는 비행기를 타기 위해 공항으로 갔다. 다비드는 이때 비행기를 처음 타봤다. 비행기가 순항고도로 올라가기 위해 급상승할 때와 착륙할 때 그는 겁먹었다. 도착한 다음에는 셔틀버스를 타야 했는데 이번에는 그가 텐트를 잃어버렸다. 다비드는 여전히 자기 물건들을 잘 챙기지 못했다. 우리는 분명하게 설명했다. "너의 실수를 만회하느라 모두의 시간을 낭비할 수는 없다. 그러기엔 치러야 할 대가가 너무 크다." 다비드는 나중에야 그걸 깨닫게 될 것이다.

우여곡절을 거듭하며 본격적인 걷기를 시작했다. 길은 가파르고 날씨는 더웠다. 다비드는 힘겨워했다. "쇠이유 사람들은 내가 등산가인 줄 아나요." 우리는 25킬로미터를 가서 멈췄다. 첫날치고는 많이 걸은 셈이다. 우리는 저녁 늦게야 도착했고, 음식을 나눠준 신부님이 매우 친절하게도 잠자리까지 제공해주었다. 저녁 식사를 마친 후, 그는 우리를 시내로 데리고 가서 지역 음식인 카넬로canello라는 과자를 맛보게 해주었다.

땅이 매우 가파른 까닭에 하루에 15킬로미터씩 가는 것으로 올리비에와 합의했다. 사람들과 만날 때, 다비드는 그들이 어떤 사람인지에 대해 매우 민감했다. 그는 걷는 동안 내게서 50미터 정도 뒤처져서 따라왔다. 나는 그가 서두르지 않도록 주의했다. 그는 자기 리듬대로 걷고 싶어 했으며 몸이 아픈 것은 원치 않았다. 그는 걸으면서 노래했고 큰 소리로 말했다.

나는 다비드의 이야기를 집중해서 들어주었다. 그도 그것을 느끼고 고마워했다. 다비드는 관계 속으로 쉽게 들어왔고, 나의 사생활에 대해서도 이것저것 물었다. 그러면 나는 그에게 내 사생활에 대한 것은 대답하지 않을 거라고 알려줬다. 그는 놀란 모양이었다.

다비드는 자기가 저지른 일들에 대해 말하기도 했다. 그가 한 일들은 믿기 어려울 정도였다. 열여섯 살 때 그는 이미 100건이 넘는 범죄를 저질렀는데, 대체로 가벼운 것이었다. 수차례 가출을 반복했고, 가택을 불법점거하거나 음식을 훔쳤다. 자동차를 절도한 적도 있었다. 그는 자신의 과거를 자랑하듯 얘기했으며, 그게 마치 교도소에서 대마초를 피운 것이라도 되는 듯 "별거 아니에요"라는 말을 되풀이했다. 다비드는 술도 많이 마셨고 대마초도 많이 피웠다. 나는 그가 이탈리아에서 다시 그런 행동을 하지 않도록 신경 썼고, 그도 나를 많이 믿어줬다.

우리를 보는 사람들의 시선이 다비드를 불편하게 하기도 했다. 마을 사람들 사이에서 우리는 분명 소수자였다. 사람들은 우리에게 이렇게 말했다. "이런 여행을 하다니 당신들 제정신이 아니군요." 이런 말을 들으며 다비드는 자신이 여기저기서 노숙을 하고 다닐 때, 사람들이 자신을 어떤 눈으로 바라봤을지 대충 알게 된 것 같았다.

우리에겐 숙소를 찾는 것이 중요한 문제였다. 묵을 곳을 찾기 위해 일정보다 더 걸어야 할 때도 있었다. 어떤 날에는 45킬로미터를 걸은 다음에야 지붕을 발견할 수 있었다. 다비드는 초반에 다소 꾀를 부리는 편이었지만 자기가 짐이 되면 두 사람 모두 힘들어진다는 걸 금방 깨달았다. 어떤 날에는 밤늦게야 잠들었는데,

그는 피곤해도 불평하지 않고 일찍 일어났다. 상황에 따라 우리 예산에 비해 비싼 호텔에서 잘 때도 있었고, 산림 관리인이나 신부, 소방관 들이 재워주기도 했으며, 캠핑을 해야 할 때도 있었다.

기상 조건은 그리 좋지 않았다. 더위와 추위, 비와 눈 등을 모두 경험했다. 다비드는 "제길, 지겨워 죽겠네"라며 투덜댔지만 "그만두겠다"는 말은 절대 하지 않았다. 그는 남들에게 인정받는 걸 좋아했다. 올리비에와 폴은 그를 열렬히 지원해주었으며 그도 그걸 알고 있었다. 우리는 점심 때 주로 샌드위치를 먹었으며 저녁에 비로소 제대로 된 식사를 했다.

다비드는 자연에 그리 민감하지는 않았지만, 동물들을 좋아해서 잘 쓰다듬어주곤 했다. 개 한 마리가 마을에서 우리를 따라왔을 때, 다비드는 그 개를 계속 데리고 가길 원했다. 나는 마을로 돌려보내야 한다고 주장했고 결국 개를 쫓아냈다. 나는 개를 데리고 다닐 수는 없으며, 우리 개가 아니기 때문에 그래서도 안 된다고 그에게 설명해주었다.

첫 번째 보조 동행자인 시골렌이 우리와 합류했을 때, 처음으로 심각한 위기가 찾아왔다. 시골렌은 다비드가 말이 너무 많다고 지적했다. 다비드는 이 프로젝트가 자신만의 것이라는 느낌을 더 이상 받지 못하겠다고 말하며, 관심의 중심에 있길 원했다. 이런 반응을 접하자, 그가 둘만의 관계에 지나치게 집착하지 않도록 한 걸음 물러나야 한다는 걸 깨달았다. 나는 다비드의 얘기에 귀를 덜 기울이고, 쉬면서 책을 읽었다. 그러자 다음 날 아침부터 그는 자기도 침묵할 수 있다는 걸 증명해 보이기라도 하듯이 정오가 될 때까지 입을 열지 않았다.

두 번째 위기는 다비드가 사나흘은 걸리는 꽤 긴 거리를 돌아서 가길 원했을 때였다. 그에게 이 구간에 대해 이미 설명해준 상황이었다. 그래서 다비드도 지도와 일정을 비롯해서 모든 걸 준비했고, 열심히 뛰어들었던 것이다. 결국 올리비에와 나는 예정된 경로대로 가기로 결정했다. 다비드는 자기 얘길 들어주지 않는다며 짜증을 냈고, 10분 동안 사라졌다. 내가 다시는 그러지 말라고 얘기하자, 그는 "뭐, 별일도 아닌데……"라며 대수롭지 않게 넘겼다.

나는 다비드에게 왜 겸손한 자세가 부족한지 어느 정도 추측할 수 있었다. 교도소에 있을 때 그는 어떤 테스트를 받았고, 자신의 IQ가 평균보다 10퍼센트 더 좋다는 걸 알게 된 것이다. 나와 뜻이 맞지 않을 때마다, 그는 항상 자기가 옳다고 주장했고 자기에게 유리한 해결책만을 원했다. 어떤 일을 도울 때면, 그는 꼭 생색을 냈다. 그러나 내가 몸이 아팠을 때 그는 나를 잘 도와줬으며, 장을 보고 나면 거스름돈을 꼬박꼬박 돌려줬다. 내가 어깨 염증으로 고생할 때도 그는 믿음직스러운 동행자였다.

로마에서 다비드는 사방으로 뛰어다니고 싶어 했으며 모든 것을 신기해했다. 그는 건축물을 매우 좋아했는데, 그러다 길을 잃기도 했다. 우리는 한 시간 동안 긴장하며 그를 기다렸다. 그러다 결국 우리가 헌병에게 실종 신고를 하기로 결정했을 때, 다비드가 나타났다. 우리에게 솔직하게 털어놓기를, 고개를 쳐들고 건물을 구경하며 걷다가 그만 길을 잃었다는 것이다.

다비드는 지역 문화, 특히 칼라브리아^{Calabria}와 마피아에 관심이 있었고 책도 많이 읽었다. 적응도 잘했고 금방 무리에 섞여 들어가서 이탈리아어로 말했다. 프랑스어를 하는 사람들을 만나면 매우 기뻐했다. 언어가 통하지 않을 때도 서툴지만 최선을 다해 말하곤 했다.

다비드는 우체국 유치우편이나 다른 걷기 팀 또는 어머니, 걷기 후원자, 교도소의 간호사, 교육관 비올레 부인 등이 보낸 편지를 간절히 기다렸다. 새해 첫날, 그는 어머니와 걷기 후원자에게 전화를 걸었다. 보고서를 작성할 때도, 그는 끄트머리에 쇠이유 회원들에게 한마디씩 남겼다.

다비드는 세 달 동안 거의 모범적인 태도를 보여줬지만, 여행이 막바지에 접어들 때부터는 더 긴장하기 시작했다. 그는 성공을 두려워했으며, 여정 동안 있었던 실패들을 조금씩 되새기고 있었다. 걷기가 끝난 후 연수 기간 동안, 우리는 그를 다음 단계로 이끌기 위해 노력했다.

그는 술집 주인이 되겠다는 꿈을 몰래 숨기며 식당 종업원으로 일하고 싶어 했다. 그는 술병들을 갖고 재주 부리는 걸 무척 좋아했다. 그는 보건 사회 활동 센터에서 실습한 적도 있었고 결과도 좋았다. 그는 특히 예전 숙소가 있는 앙제Angers로 돌아가고 싶어 했으며, 사람들이 캉의 숙소를 제안하는 걸 받아들이지 않았다. 또한 쇠이유와 나에게서 떠나는 걸 두려워했지만 그걸 표현할 줄도 몰랐고 끝내 하지 못했다.

걷기가 다비드를 바꿔놓았을까? 그는 진정한 용기를 보여주었다. 다른 사람과 뭔가를 나누는 법을 다시 배우기도 했다. 그가 찾던 것은 끊어지지 않는 관계였다. 나는 거리를 두었고 그게 다비드에게 힘들 거란 걸 알았지만, 우리의 다정한 관계는 지속되었다. 다비드는 건전한 환경이 주어지면, 도둑질도 안 하고 범죄 행위도 저지르지 않고 술이나 마약을 찾지도 않는다는 걸 증명해 보였다. 이 모든 일이 걷기 세 달 그리고 복귀 후 두 달 동안 지속되었다. 범죄를 통해 주목을 끌지 않아도 된다는 것을 모든 사람에게 보여준 것이다. 모든 것은 그가 앞으로 어떤 사람들과 만나는지에 달려 있다.

귀환 파티에는 3년 동안 못 보고 지냈던 형과 아버지, 어머니가 함께했고 다비드는 이를 자랑스러워했다. 다비드는 내게 이메일 주소를 물어보았고, 나는 그가 열여덟 살이 되면 둘이 함께 걷기 여행을 떠나자고 약속했다. 그는 내게 메일을 보내겠다고 했지만 보내지 않아 결국 내가 먼저 보냈다. 내가 그의 숙소로 전화했을 때 그는 매우 행복해했고, 우리는 한 시간 동안 대화를 나눴다.

그러나 슬프게도 다비드는 다시 범죄를 저질렀다. 돌아온 후에도 두 달을 버텼으니 그는 거의 여섯 달 동안 나쁜 짓을 하지 않은 것이다. 그러다가 결국 다시 무너지고 말았다. 다비드의 가족은 그에게 큰 도움이 되지 못했던 것 같다. 그는 교도소에서 내게 매우 감동적인 편지를 보냈다. "이번엔 어쩌면 내가 극복을 못한 건지도 모르겠지만, 다음번엔 꼭 할게요."

걷기는 다비드에게 의미 있는 일이었다. 하지만 그는 아직 너무나 큰 갈등 속에 있다. 그는 주변 사람들로부터 도움을 거의 기대하지 않았다. 하지만 걷기는 튼튼한 울타리가 되어줄 누군가가 있다는 사실을 그에게 증명해줬다.

　다비드는 숙소에서 범죄를 저지른 아이들과 함께 있다. 그들 모두 저마다 어려움을 겪고 있다. 어떤 아이는 다비드를 나쁜 길로 유인할 것이고, 그 또한 다른 아이들을 끌어들일 수 있다. 혼자서는 이 상황을 극복하기 어려울 것이다.

　하지만 쇠이유에서는 이렇게 말한다. 비록 걷기가 즉각적인 효과를 얻진 못했을지라도 아이에게 그 기억은 강렬하게 남아서 결국 영향을 미치게 된다고. 걷기 여행이 끝나고 나면, 아이는 '머릿속에서' 걷기를 이어나간다.

동행자들에게 보내는
진심 어린 찬사

| 폴 달락쿠아Paul Dall'Acqua[*] |

"미성년자 사법 보호 감찰기관과 아동 상담소의 아이들을 위한 이 동식 생활 센터에서 세 달 동안 유럽 도보여행에 참가해줄 남녀 동행자를 구함. 어떤 학위도 요구하지 않음. 교육 경력자 희망."

* 교육자이며 미성년자 사법 보호 감찰기관장으로 은퇴 후 쇠이유에 합류했다. 현재 자원봉사자 자격으로 대표를 맡고 있다.

인류학자, 음악가, 치료기관의 비서, 수영 코치, 교육자…… 그들이 이 작은 구인 광고에 응답한 이유는 무엇일까? 아이를 돕기 위해서? 독특한 쇠이유 프로젝트에 대한 호기심 때문에? 새로운 경험을 쌓기 위해서? 대장정에 참여함으로써 모험가의 꿈을 실현하기 위해서? 그냥 단순히 일자리를 얻기 위해서? 저마다의 동기는 다양하며 가끔은 어느 정도 비밀로 남겨지기도 한다. 쇠이유는 지원자들의 개인적인 이력과 잠재력, 동기와 열정에 관심을 가진다. 그들은 도보여행이 어떻게 이뤄지는지 알기 위해 이미 진행 중인 걷기에 일주일 동안 동행하고, 그 후 자신들의 동기를 재확인한다.

아이가 자신의 상황을 이끌어가는 주인이 될 수 있도록, 그리고 지나치게 체계화되고 배타적인 사회에 나가서도 자리 잡을 수 있도록 어떻게 도움을 줄 것인가? 이것이 동행자 역할의 관건이다. 100일 정도의 시간 내에 성취하기에는 어려운 일이기도 하다. 아이와 함께 행동하며 개인적 관계를 쌓을 때 이 동행은 의미가 있다. 아이가 무엇을 바라는지 들어주고 그것의 실현 가능성을 아이와 함께 판단할 수 있다면, 절반은 된 것이다.

일단 지원서가 통과되면, 동행자는 그의 역할에 대해 충분한 정보를 제공받는다. 대표와의 면접, 청소년 문제에 대한 쇠이유 심리학자의 설명에 이어 위기 상황 시 대처법도 소개된다. 그는 이전 동행자들과도 만나며, 떠나기 전에 책임자와 함께 걷기를 준비한다. 첫 단계에서는 프로젝트의 모든 측면을 다루는데, 걷기 책임자 그리고 심리학자와 지속적으로 접촉하며 동행자 교육은 보완된다. 교육 이후 각 지원자는 '예비 동행'을 수행해야 한다. 그는 진행 중인 걷기 팀과 합류하여, 일주일 동안 걷기 과정의 실제적인 부분을 구체적으로 느끼고 체험하게 된다.

이 첫 단계가 끝나면 걷기 팀이 구성된다. 어느 날 아침, 동행자는 쇠이유 사무실에서 자신과 함께 떠날 아이를 만난다. 첫 만남, 첫 번째 시선, 첫 번째 대화들…… 두 사람은 나란히 서서 벽에 걸린 지도에 표시된 자신들의 여정을 함께 살펴본다. 두 사람 모두 기쁨과 걱정으로 마음이 조금 짜릿해질 것이다. 출발 파티가 끝나면 다정하게 어깨를 두드리는 사람들을 뒤로 하고, 출발지로 이동한다.

걷기 초기에는 배낭을 꾸리고, 하루 예산을 관리하고, 장을 보는 등 모든 일에 동행자가 좀 더 적극적이다. 과거 습관들과 결별한 아이에게 그는 확실한 지원자가 된다. 가끔 어떤 아이들은 이 단계에서 지나치게 불안해하는 반응을 보이기도 하는데, 그럴 경우 걷기가 취소된다. 동행자는 걷기 초반부에 아이에게 더욱 신경 써야 한다. 그사이 아이는 동행자 덕분에 점점 구체화되는 자신의 걷기 프로젝트를 천천히 발견하게 될 것이다. 이 기간 동안 두 사람은 걷기를 함께 성공으로 이끌기 위해 일종의 동맹을 맺어야 한다. 그것은 위험을 분담하는 일이다.

동행자는 '집 밖에' 있기 때문에 필연적으로 표출되는 아이의 분노와 근심과 의심, 실망 등 다양한 감정들을 감당하게 된다. 어려움이 쉴 새 없이 찾아오지만 동행자는 아이의 말을 들어주고, 상황을 설명해주면서 아이가 스스로 생각할 수 있도록 도와주어야 한다. 또한 아이 곁에 있으면서 위험한 상황을 통제하고, 부정적인 감정전이를 예방해야 한다. 동행자는 자신의 중심을 잡는 동시에 자기 자신을 어느 정도 잊어버려야 한다.

교육적 관점에서 볼 때, 동행자는 쇠이유와 지리적으로 멀리 떨어져 있으면서도 아주 가까이 있어야 하는 존재이기도 하다. 만일 그가 이따금씩 심각할 정도로 고립감을 느낀다면, 쇠이유는 그에게 걷기 책임자와 계속 연락을 유지하면서 대화를 나누도록 권유한다. 함께 상황을 재검토하다 보면 최선의 대책을 찾을 수 있다. 이때 심리학자도 도움을 준다. 매일 걷기가 시작될 때 규칙적으로 전화 연락을 하는 것은 일상을 객관화하는 데 효과적이다.

걷기 프로젝트가 얼마나 역동적으로 진행되는지는 아이의 태도에 달려 있다. 아주 수다스럽거나 조용한 경우, 계속 나란히 걷고 싶어 하거나 떨어져서 걷고 싶어 하는 경우, 호기심이 많거나 무관심한 경우 등 아이들의 태도는 무척이나 다양하다. 또한 걷기의 성격은 동행자가 얼마나 주도권을 쥐는지, 얼마나 창의적으로 여정을 이끄는지 등에 따라 좌우되기도 한다. 동행자는 큰 소리로 책을 읽어줄 수도 있고, 악기를 연주해줄 수도, 그림을 그려줄 수도, 노래를 할 수도, 버섯을 따줄 수도 있다. 동행자의 행동에 따라 걷기의 역동성에 변화가 생기는 것이다. 그래서 동행자는 걷는 동안 자신이 아이에게 어떤 영향을 미치는지 스스로 계속 질문을 던져야 한다.

아이와 동행자의 관계는 계속 수정되고 보완되어야 하며, 필요하다면 본부에서 도움을 준다. 걷기는 정신적 측면에서 정말 고된 일이기 때문이다. 도보여행자들과의 만남은 걷기에 지친 동행자와 아이에게 활력을 주는 순간이다.

아이와 동행자 모두 세 달 동안의 걷기가 그리 길지 않다는 것을 알게 된다. 시간이 지나면서 점점 깊은 교류가 이루어지고, 둘 사이에 일종의 친밀감과 객관적인 공조共助가 형성된다. 초기의 경계심과 달리 안정감을 느끼게 된 아이는 결국 "나는 이 사람과 있으면 좋다. 나는 내가 누구인지 알고, 나도 어떤 가치를 지니고 있다는 걸 안다"라고 스스로 말하기에 이른다.

동행자는 새로운 시선과 능력을 통해 아이 스스로 불가능하다고 생각했던 도전을 성공하도록 꾸준히 이끌어주는 어른이다. 아이가 자신도 모르고 있었던 신체적, 정신적 능력들을 발견하고, 그것을 증명하고, 한계를 밀어내도록 도와주는 것이다. 동행자의 의무는 아이를 지원하는 것이지만, 아이 자신을 대신해줄 수는 없다.

　이 작은 구인 광고에 응답한 대부분은 자신들이 어떤 일에 참여하게 될 것인지 잘 알지 못했다. 그래도 결국 그들은 아이들이 걷기를 완수하도록 이끌었다. 동행자들 중 몇몇은 전문 교육가 양성 과정에 참여하게 될 것이다. 동행자는 걷기 프로젝트의 중심을 차지하는 소중한 조각이다.

내게 찾아온 마지막 기회

| 발레리 들릴 Valéry Delille * |

내게 쇠이유를 알려준 사람은 내 교육관과 판사 레이노였다. 나는 바로 승낙했다. 말썽만 부렸던 기숙사에서 이제 그만 떠나고 싶었기 때문이다. 쇠이유는 교도소로 가지 않기 위한 마지막 기

* 발레리는 2002년에 쇠이유에서 두 번째로 걷기를 완수한 열여섯 살 소년이다. 그는 자크 누벨의 책임하에 동행자 올리비에 들라랑드Olivier Delalande와 함께 함부르크에서 베니스까지 걸었다.

회였다. 오래 떨어져 있어야 했지만, 여자 친구도 동의했다. 걷기는 나에게 일종의 시험과도 같았다. 나도 쓸모가 있다는 걸 증명해야 했다.

나는 영향을 쉽게 받는 편이다. 기숙사에 있을 때 다른 친구들을 따라 했고, 그들보다 더 심한 짓도 했다. 사실 난 걷기라는 걸 별로 믿지 않았지만, 좋은 경험이 될 것도 같았다. 기숙사를 떠나는 건 별로 어려운 일이 아니었고, 가족들과는 오래전부터 떨어져 살고 있었다. 내가 헤어지기 싫은 사람은 여자 친구뿐이었지만, 그래도 떠나야만 했다.

쇠이유 사람들은 나와 기숙사 책임자를 만나기 위해 두 번이나 파리에서 셰르부르Cherbourg까지 왔다. 그리고 나와 동행자는 외르Eure에 있는 숙소로 갔고, 그 다음엔 걷기 책임자인 자크 누벨의 집으로 옮겼다. 나는 별로 걱정하지 않았으며, 내 동행자인 올리비에 들라랑드에게 신뢰를 느끼고 있었다. 하지만 나는 우리가 앞으로 할 일에 대해서는 잘 알지 못했다.

나는 다른 아이와 함께 출발했는데, 그 친구는 걷고 싶은 생각이 없었다. 그는 그저 자기 부모와 교육관을 기쁘게 해주려고 승낙했던 것이다. 그는 심한 마약 중독자였는데, 일주일을 걷더니 돌아가겠다고 했다. 자기 방과 음악, 그리고 대마초를 잊을 수 없었던 모양이다. 난 그가 떠난 게 별로 아쉽지 않았다. 우린 전혀 마음이 맞지 않았으니까.

함부르크로 가는 기차에서는 재밌는 일이 있었다. 난 화장실에 가고 싶었는데, 문이 다 잠겨 있었다. 마침내 열린 곳을 찾아 일을 보고 나왔을 때, 난 내가 있던 차량이 분리되었다는 걸 알게 되었다. 내가 경찰을 찾아간 건 그때가 처음이었다. 프랑스에 있을 땐 경찰을 좋아하지 않았지만, 그땐 경찰이 정말 반가웠다. 독일어 몇 마디가 적힌 수첩을 가지고 있긴 했지만, 기차가 둘로 분리되어 내가 홀로 남겨졌다는 걸 설명하기는 어려웠다. 다행히 나는 올리비에게 전화할 수 있었다. 기차 승무원들은 아주 친절했다. 그들은 나를 다른 기차에 태워주었고, 나는 함부르크에 도착해서 일행을 다시 만났다. 그리고 마침내 걷기가 시작되었다.

함부르크에 도착하자 무척 당황스러웠다. 기숙사와는 너무나 다른 환경이었다. 그때 올리비에가 나를 믿어줬다. 기숙사에서는 누구도 그러지 않았다. 여기서 난 자유롭다고 느꼈다. 기숙사에서 나오게 되어 좋았다. 다른 친구가 떠나고 나서, 올리비에와 나. 단둘만 남았다. 내가 프랑스어로 얘기할 수 있는 사람은 그밖에 없었다. 서로 그냥 생각나는 대로 말했다. 우린 말다툼을 하기도 했는데 일주일에 한두 번 화를 내는 정도였고, 주로 내가 짜증을 부릴 때였다. 난 짜증이 나면 하고 싶은 말을 마구 내뱉곤 하니까. 그래도 우린 좋은 관계를 맺었다.

대마초를 끊고 나니 조금 힘들었다. 일주일에 한나절 정도만 휴식을 취한 까닭에 대마초를 구하는 게 쉽지 않았다. 그래서 난 단념했다. 다른 약들도 끊었다. 어렸을 때부터 사람들은 내가 너무 설쳐댄다고 진통제, 진정제 같은 약들을 억지로 먹였다. 나는 약이라면 지긋지긋했다. 내가 그만 먹겠다고 애원할 때마다, 그들은 안 된다고 했다. 올리비에가 나에게 말했다. "네가 더 이상 먹기 싫으면, 안 먹으면 되는 거야." 난 약을 완전히 끊었다. 그러자 때론 화를 참을 수 없었고 말다툼이 벌어지기도 했다.

어느 날 올리비에에게 소금 통을 던지고 말았다. 그를 다치게 할 생각은 없었는데 그의 눈두덩이 찢어지고 말았다. 정말 당황스러웠다. 첫 보조 동행자는 마음에 들지 않았다. 그들은 둘이서만 얘기했고 난 소외된 것 같았다. 다음 보조 동행자와는 괜찮았다. 그리고 걷기 책임자인 자크가 왔다. 그는 친절했다. 규칙에 대해서는 엄격했지만, 그래도 난 그가 좋았다. 나에게 쿨하게 대해주는 사람에게는 나도 쿨해진다. 걷는 동안 대장이 있고 난 그저 복종만 해야 한다는 느낌을 받은 적이 한 번도 없었다.

나는 올리비에와 많은 얘기를 했다. 아무에게도 하지 않았던 말들을 그에게 털어놓았다. 그러고 나니까 기분이 좋아졌다. 그는 내 얘기를 듣고 자기 생각을 들려주었다. 난 그가 비밀을 지킬 거라고 확신했다. 기숙사의 교육관은 그러지 않았을 것이다.

걷는 걸 그만두고 싶을 때도 가끔 있었다. 하지만 사람들이 나를 격려해주었다. 그들은 이렇게 말했다. "네가 하는 일은 정말 대단한 거야." 나는 내가 범죄자였다는 사실을 사람들이 몰랐으면 했다. 사람들은 우리가 순례 여행을 한다고 생각했다. 우리가 여러 장소의 도장이 찍힌 순례자 증명서를 가지고 있는 걸 보고, 수도사들은 우리를 재워주고 먹여줬으며 도장을 찍어줬다.

어느 날 저녁에는 한 가족이 우리를 거절했지만, 좀 더 떨어진 곳에서 다른 가족이 우리를 환대해주었다. 저녁 식사는 훌륭했고, 나는 조금 취했다. 다음 날 아침에 다시 출발하는 게 쉽지 않았다. 함께한 시간이 무척 좋았는지, 그들은 우리와 다시 만나려고 30킬로미터 떨어진 곳까지 왔다. 멋진 만남이 이어졌다. 재밌는 일도 있었다. 하룻밤을 보낸 한 성당엔 당구대와 펑크족들이 있었다.

그해 독일에서는 엄청난 홍수가 있었다. 도로와 기찻길은 끊어졌고 모든 것이 물에 잠겼다. 전화기도 물에 잠겨 통신이 두절되었기 때문에 주민들에게 전화기가 새로 지급되었다. 어떤 집에 갔더니 전화기가 많이 있기에 꼬마에게 한 개만 달라고 했더니 세 개나 주었다. 나는 건전지가 다 닳을 때까지 여자 친구에게 자주 전화했다. 물론 그건 금지된 일이었기 때문에 올리비에에게 얘기하진 않았다. 또 나는 체코 국경에서 MP3 플레이어 한 대를

싼값에 샀다. 그것도 금지된 일이었다. 그러나 나는 기기를 거의 사용하지 않았다. 걸을 때는 음악 생각이 별로 안 나기 때문이다.

어떤 여름 학교에서 묵었던 적이 있었는데, 그곳엔 잔해들을 치우기 위한 적재기가 한 대 있었다. 나는 저녁 내내 삽을 움직였고, 올리비에는 내가 잘 해내는 모습을 보고 놀랐다. 그때도 역시 사람들이 나를 믿어줘서 기분이 좋았다. 베니스에 도착한 후, 우리는 파리로 가는 기차를 탔다. 돌아가는 것이 기뻤지만, 도착하고 나니 다시 떠나고 싶어졌다. 언젠가는 그렇게 할 것이다. 친구들 중 한 명이 셰르부르에서 모로코까지 도보여행을 떠났다. 나도 같이 가고 싶었지만, 이제 나에겐 가정과 작은 회사가 있다.

돌아와서 심판을 받아야 할 일들이 아직 몇 가지 남아 있었고 난 대가를 치렀다. 총 1년을 교도소에서 보낸 것이다. 하지만 출감 이후 바보짓들은 끝냈다. 마약도 끊었다. 걷기는 내게 정말로 도움이 되었다. 난 스스로에 대한 믿음을 되찾았다. 누군가 내게 "너는 나쁜 짓을 했잖아"라고 말하면 나는 이렇게 대답한다. "그래, 하지만 좋은 일도 했다고." 그게 바로 걷기였다. 걷기 전에는 사람들이 사고 좀 그만 치라고 말해도 듣지 않았다. 그러나 걷는 동안 나는 올리비에가 하는 말을 들어야만 했다. 매일 오래 걷다 보면 생각이 하나로 모인다. 쇠이유의 걷기 프로젝트는 아이에게 다가가기 위한 좋은 방법이다.

나는 그 걷기를 항상 다시 떠올린다. 그때 사람들은 내게 일회용 카메라 한 대와 필름을 줬다. 우리 집 거실에는 당시의 추억을 담은 큰 사진 네 장이 걸려 있다. 함부르크, 올리비에, 홍수, 베니스. 친구들은 내가 한 일을 알고 있다. 어떤 녀석들은 그런 일을 하다니 미쳤다고 말하지만, 다른 녀석들은 그런 경험을 한 건 행운이라고 말한다. 어쨌거나 그 일이 내게 정말로 도움이 되었다는 것은 확실하다. 지금 내겐 배우자와 두 살된 어린 아들이 있다. 나는 문신 예술가로 일하는데, 1년 전부터 작은 회사에 전념하고 있다. 일이 잘 되어가고 있어서 만족스럽다.

언젠가 어떤 아이의 동행자나 후원자가 필요하다면, 나를 떠올려주길 바란다.

시간이 지난
후에야

| 함자 홀리Hamza Houly® |

쇠이유에 대해 내게 말해준 사람은 낭테르Nanterre 교도소의 교육
관 로랑 메이어였다. 나는 참 좋은 제안이라고 생각했고, 쇠이유
의 심리학자 에마뉘엘을 만났다. 이후 교육관이 판사에게 걷기
에 대해 얘기했고, 판사는 그것이 매우 좋은 프로젝트라고 말했
다. 나도 곧바로 동의했다. 나는 그때 세 달째 수감 중이었고, 죗
값을 치르려면 아직도 네 달이 남아 있었다. 나는 밖으로 나가고

싶었다.

나는 할아버지와 함께 열 살 때 프랑스로 왔다. 그리고 할아버지는 다시 떠나게 되었지만 나는 계속 프랑스에 있길 원했다. 결국 나는 보호 가족의 집에 혼자 남았고, 말썽을 부리기 시작했다. 그러다 열여섯 살 때부터 다시 거리에서 살게 되었다. 오로지 나 혼자였다. 그때부터 나는 진짜 범죄를 저지르기 시작했다. 먹고살아야 했기 때문이다. 어쩌면 다른 선택이 있었을지도 모르지만, 나는 거의 닥치는 대로 훔쳤고 잠잘 곳만 있으면 아무 데서나 살았다. 수차례 용의선상에 오르다가 교도소에 들어갔다.

내가 걷기 프로젝트에 동의하자마자 모든 일이 빠르게 진행되어, 2주 후 나는 쇠이유에 있게 되었다. 걷기 책임자는 올리비에 드 파치였다. 이런 여행에 대해 전혀 감이 잡히지 않았지만, 나는 그를 완전히 신뢰했다. 도대체 내가 무슨 일에 뛰어든 건지 잘 알 수 없었지만, 모험가가 된 듯한 기분이었다.

나는 동행자인 제라르와 쇠이유에서 만났다. 우리는 장비를 갖추고 준비 훈련을 하러 떠났다. 이런 준비 기간이 있는 게 정말 다행이었다. 그렇지 않았다면 나는 육체적으로 버티지 못했을 것

• 함자는 올리비에 드 파치의 책임하에 동행자 제라르 라르되
Gérard Lardeux와 함께 2009년 스페인 여정을 완수했다. 2년 후
스무 살이 됐을 때, 함자는 쇠이유의 문을 다시 열고 들어왔다.

이다. 나는 그동안 운동을 전혀 하지 않았고, 감방에 있느라 몸이 굳어 있었다. 스페인에 대해서는 아주 조금 아는 정도였다. 모로코에서 버스를 타고 프랑스로 올 때, 스페인을 거쳤기 때문이다. 바르셀로나에서 휴가를 보낸 적도 있었다.

샤르트르Chartres 근처에서 준비 기간을 보낸 후, 우리는 출발 파티를 했다. 젠빌리에Gennevilliers의 시장 보좌관인 대모代母와 그분의 남편도 왔고, 쇠이유 회원들과 내 동행자 제라르, 그리고 걷기 책임자 올리비에가 있었다. 파티가 끝나자마자 우리는 세비야로 가는 비행기를 탔다.

세비야에 도착한 때는 1월이었다. 우리는 경로를 점검하고 도시를 방문하며 하루를 보냈다. 첫 주에는 춥지 않았지만, 그 후 산에 갔을 때는 눈이 왔다. 파리에 있을 때 추위에 익숙해져 있어서 견딜 만했다. 어느 날엔 눈보라가 쳤는데, 길을 잃고 헤매던 중 마을을 발견했다. 작고 초라한 집에서 사는 가난한 노인들이 우리에게 차와 샌드위치를 대접해주었다. 풍족하지 않은 그분들이 우리를 맞아준 것이다. 정말 기분이 좋았다. 그들은 우리가 하는 일을 대단하게 생각했다. 나는 내가 범죄자라는 얘기는 하지 않았다.

초반에는 걷기가 매우 힘들었다. 다리도 아팠고 배낭만 해도 무게가 15킬로그램이나 나가서 어깨도 아팠다. 하루가 끝날 때쯤이면 배낭이 더 무겁게 느껴졌다. 겨울에는 챙겨야 할 게 많았기 때문에 무게를 줄이는 게 쉽지 않았다. 처음에는 물집과 상처가 몇 군데 생겼다. 하지만 1~2주가 지나고 나면 육체적으로 아무 고통도 느껴지지 않고, 저절로 걷는 느낌이 들었다. 걷기가 끝나고 나면 아기처럼 잠들었다.

걸으면서 여러 나라에서 온 사람들을 만나곤 했다. 언어가 통하지 않아서 어떤 사람들과는 거의 대화를 나누지 못했다. 우린 스페인어와 영어를 조금 할 줄 알았다. 여행자들은 내 나이를 알고는 매우 놀랐으며, 이 일을 대단하게 생각했다. 나는 그저 즐거움을 위해서 그리고 내 능력이 어디까지인지 알고 싶어서 걷는 거라고 말해주곤 했다. 스페인 사람들은 매우 친절했다. 나는 그들이 프랑스 사람들보다 더 좋았다.

가장 힘들었던 것은 정신적인 문제였다. 장거리 걷기는 난생 처음이었고, 친구들 그리고 내가 살던 곳으로부터 멀리 떨어져 있어 더욱 힘들었다. '내가 지금 뭘 하고 있는 거지?' 이 질문이 머릿속에서 계속 맴돌았다. 제라르와는 잘 지내는 편이었지만 항상 같은 사람과 지내는 일이 조금 지겨워졌다. 그래서 가끔 말다툼을 하고 나면, 내가 앞으로 가든지 그가 앞서든지 하여 몇 시간 동안을 혼자 걸었다.

나는 몇 번이나 걷기를 단념하고 싶었다. 더 이상 견딜 수 없을 것 같아서 배낭을 바닥에 던져버리기도 했다. 하지만 다행히도 내게 말을 걸어주고 사기를 북돋아주는 동행자가 있었다. 그래서 나는 다시 배낭을 메고 길을 떠날 수 있었다. 제라르와 나는 얘기를 많이 했다. 그는 자기가 살아온 얘기를 해주었고, 나는 내가 저지른 일들과 어린 시절의 추억에 대해 얘기했다. 다툼은 절대 오래가지 않았고 그저 몇 시간에 그쳤다. 올리비에 또한 나를 응원해주었다. 그는 내가 계속 걸어야 한다고 말하곤 했다. 만일 걷기를 그만둔다면 다시 교도소로 돌아가야 한다는 걸 나도 잘 알고 있었다.

쇠이유에서 파견한 첫 번째 보조 동행자는 아주 좋았다. 동행자 말고 다른 사람과 말할 기회가 생긴 것이다. 나와 그녀 또는 제라르가 같이 걷거나, 세 명이 함께 걷기도 했다. 그리고 가끔은 제라르가 그녀와 함께 걷기도 했다. 그녀는 계속 걷는 걸 힘들어했고 때때로 거의 한계에 이른 듯했지만, 우리는 그녀에게 용기를 불어넣어주었다. 지원 그룹에서는 걷기 책임자인 올리비에가 내 후원자와 함께 왔는데, 그는 내가 하는 일이 대단한 성공이라고 말해줬다.

걷기가 끝날 때쯤 나는 이제 그만 돌아가고 싶은 마음이었다. 나는 어떤 음식점 경영자에게 지원서를 보냈다. 그리고 걷기가 끝나고 사흘 후부터 그 가게에서 일을 시작했다. 그 후에도 이런저런 일을 했다. 마지막으로 일한 곳은 유기농 상점이었는데 그곳이 파산하는 바람에 일을 하지 않은 지 여섯 달이 되었다. 지금은 내 체류증을 갱신하기 위해 서류를 기다리고 있는데 너무 초조하다. 앞으로도 세 달 동안은 아무 일도 하지 못할 것이다.

이제 나는 스무 살이 됐고, 그때의 걷기를 자주 떠올린다. 걷기가 어떤 의미인지 그 당시에는 모른다. 시간이 지난 후에야 의미를 이해할 수 있다. 나는 점점 더 자주 걷기를 떠올리고, 다시 떠나고 싶다는 생각을 한다. 특히 상황이 힘들 때면 다시 그때를 생각하는데 그러면 힘이 난다. 걷기에서 돌아오고 2년이 지났는데, 그동안 나는 아무 잘못도 저지르지 않았다. 앞으로도 그럴 것이다. 내 친구들은 내가 한 일을 잘 이해하지 못한다. 그들은 그런 일을 상상도 못하는 것이다. 하지만 어른들은 나를 자랑스럽게 생각한다.

내 문제는 걱정거리가 생기면 누구에게도 이야기하지 않는 것이다. 그러다 보니 제라르와 연락이 끊어져버렸다. 쇠이유에 다시 들러봐야겠다고 생각한 지 꽤 되었는데, 그럴 용기가 도무지 나지 않았다. 오랫동안 그들에게 소식을 전하지 못했기 때문이다.

그리고 오늘, 나는 쇠이유의 문을 다시 두드렸다.

열네 살에
시작된 도전

| 바툴Batoul® |

나는 교육관인 콜레트 부인의 소개로 쇠이유를 알게 되었다. 그
녀의 생각이 옳았다. 나는 떠나야만 했고, 내가 알던 사람들과 헤
어져야 했다. 어려운 일처럼 보였지만 바로 승낙했다. 나는 초조
하게 출발 날짜를 기다렸다. 모든 게 준비되려면 3주가 필요했다.
나는 내 몸에 달린 피어싱들을 떼어냈다. 나는 떠나고 싶었고, 다
른 나라와 언어를 접하고 싶었다. 조금도 두렵지 않았다.

처음으로 만난 쇠이유 사람은 대표인 폴이었다. 그는 내가 있는 곳으로 와서 걷기 프로젝트에 대해 설명해줬다. 그 후 나는 걷기 책임자인 자크 누벨을 만났다. 나는 그와 금방 친해졌다. 그는 열린 사람이었고, 내 말에 귀를 기울여줬다.

장비를 사러 가게에 갔을 때 동행자인 파스칼을 만났다. 나는 비서인 마리 크리스틴과 파스칼이 물건을 사도록 내버려뒀다. 뭐가 필요할지 나는 전혀 알지 못했기 때문이다. 준비 기간 동안 우리는 노르망디 지방의 아주 예쁜 숙소에서 묵었다. 나는 파스칼과 자크와 함께 매일 걸었고 대화를 나눴다. 앞으로 나를 기다리고 있는 일에 대해서는 여전히 모르고 있는 상태였다. 쇠이유에서는 최근에 걷기를 마치고 돌아온 악셀과 만남을 주선해주었다. 그는 내게 많은 얘기를 해줬다. 나는 열심히 들었지만, 그때까지도 감이 잡히지 않았다.

출발 파티 때, 나는 걷기를 끝까지 마치겠다고 약속했다. 파티가 끝난 후 우리는 세비야로 가는 비행기를 탔다. 밤늦게 도착

• 바툴은 쇠이유에서 가장 어린 소녀 참가자이다. 교육관들의 감독하에 몇 주 동안 거리와 호텔 방을 전전하던 그녀는 막 열네 살 반이 되었을 때 스페인으로 떠났다. 그녀의 동행자는 수영 코치인 파스칼Pascal이었는데, 그는 후에 여세를 몰아 교육관이 되기 위한 교육을 받기 시작했다. 우리의 귀염둥이이고 마스코트인 바툴은 쇠이유의 모든 회원에게 행복과 자부심을 불러일으키는 역할을 하고 있다.

해서 호텔에서 잤다. 다음 날 우리는 도시를 구경한 다음 은의 길 Via de la Plata을 걷기 시작했다. 스페인 북쪽에 은광들이 있기 때문에 그런 이름이 붙었다고 한다.

처음엔 스페인 사람들이 하는 말을 알아듣지 못했다. 하지만 우리가 갖고 있던 작은 스페인어 회화 책 덕분에 나는 스페인어에 금방 적응하기 시작했다. 지역 주민들과 얘기하는 게 좋았다. 다른 도보여행자들도 만났다. 프랑스어를 할 줄 아는 사람들이 많았다. 퀘벡에서 온 피에르와 마리, 네덜란드 여자 안느, 그리고 프랑스 남자 아지즈 등을 만났다. 그들과 함께 걷는 건 좋았다. 우린 얘기를 많이 했다. 묵기로 한 숙소가 서로 달랐기 때문에 헤어졌지만, 나중에 다시 만날 수 있었다. 또 나는 동행자 파스칼과도 얘기를 많이 나누었는데, 그러다가도 가끔 서로 피곤할 때면 대화 없이 그냥 각자 걷기도 했다.

힘든 날도 있었다. 특히 살라망카Salamanca에 도착하기 전날이 그랬다. 마치 홍수가 날 것처럼 비가 왔고, 그 와중에 우리는 냇물을 몇 번이나 건너야 했다. 날씨는 추웠고 나는 전날 밤에 잠까지 설친 터였다. 힘들긴 했지만 그래도 걷기를 중단해야겠다는 생각은 들지 않았다. 그 후엔 정말 좋았다. 우린 자연공원과 포도밭, 올리브나무 숲, 사막 등을 지나갔다. 말과 황소, 그리고 'pata negra'라고 불리는 검은 돼지도 보았다. 우리는 주로 스파게티를 먹었는데, 둘이서 500그램을 먹었다. 대체로 파스칼이 요리를 했고 나는 설거지를 했다.

첫 번째 보조 동행자는 별로였다. 자기 생각이 확실한 사람이었는데, 자신과 다른 생각을 받아들이지 않았다. 그래서 나는 그 여자와 말하는 걸 그만두었다. 하지만 두 번째 지원 그룹은 정말 좋았다. 내 교육관인 뱅상이 왔던 것이다. 우리는 내가 걷기를 마치고 나서 할 일에 대해 많은 대화를 나눴다. 그때 나는 나중에 뭘 해야 할지 마음을 정하지 못했다.

여행이 끝날 때쯤, 나는 빨리 돌아가고 싶어졌다. 카미노 프란세스Camino Francès 길은 너무 상업적이었고 사람들도 그리 친절하지 않았기 때문이다. 하지만 이제 4~5일 정도가 남아 있을 뿐이었다.

스페인에서의 걷기는 정말 아름다운 삶의 한순간이었다. 나는 걷기를 무사히 끝낸 것에 자부심을 느낀다. 그리고 걷기에 대해 자주 생각한다. 힘들 때도 있었지만 기쁜 일도 많았다. 살라망카의 마요르Mayor 광장은 이야기로 들었던 것보다 훨씬 더 아름다웠다. 멋진 사람들과 만났던 피스테라Fistera의 바다도 기억에 남는다.

노르망디에 도착했을 때 쇠이유의 모든 회원이 나를 박수로 환영해주었다. 굉장히 기쁘면서도 부끄러웠다. 돌아온 후에 사람

들은 내게 식당 일 연수를 제안했지만 별로 내키지 않았다. 나는
잠시 학교로 돌아갔다가 지금은 미용사 교육을 받고 있다. 아주
재미있다.

아이들에게 보내는
진심 어린 찬사

| 폴 달락쿠아 |

2011년 6월, 열일곱 살 소녀 아멜리아는 쇠이유 회의실 벽에 걸린 스페인 지도 앞에 못 박힌 듯 서 있었다. 그녀는 현재 진행 중인 걷기 여정을 표시한 여섯 색깔의 깃발들을 믿기 어려운 듯 바라보았다. 아이들 대부분은 이 여정을 통해 처음으로 외국에 나가본다. 그들에겐 새로운 바깥 세상의 공기로 세례받는 것과도 같다.

아멜리아는 자신의 담당 교육관과 함께 쇠이유를 방문했다. 많은 아이들이 그렇듯이, 그녀가 이곳에 온 이유는 듣고, 보고, 질문하고, 의견을 내고, 어쩌면 결심을 하기 위해서이다. 어떤 의미에서 그녀는 현 상황에서 '마지막 해결책'으로 이 프로젝트를 제안한 자신의 교육 담당관을 기쁘게 해주기 위해서 온 것이다. 다른 제안들도 있었지만 그녀에게 별로 적절한 것이 아니었고 성과를 거두지 못했다. 아멜리아는 예전에 진행된 걷기를 기록한 사진첩을 모두 훑어보았다. 몇 가지 의심은 아직 남아 있지만, 그녀는 지원서와 동기서를 보내기로 결정할지도 모른다.

대부분의 지원이 이런 식으로 이루어진다. 2010년 1월부터 2011년 6월 사이에 45건의 첫 만남이 이루어졌고, 그중 3분의 1은 미성년자 교도소와 소년원 또는 교도소에서 이루어졌다. 만남 후에는 19명이 걷기 프로젝트에 신청했고, 14명의 아이들이 전체 일정 또는 일부 의미 있는 기간 동안 걸었다.

미성년자 사법 보호 감찰기관 또는 아동 상담소의 교육자들이 걷기 프로젝트에 관심을 갖는 첫 번째 요인은 쇠이유가 걷기 이후의 계획을 확실히 세우도록 한다는 것이다. 집단적인 관리는 아이들의 현 상황에 더 이상 맞지 않는다. 쇠이유에서는 아이들을 개별적으로 책임지며 담당 성인의 지원하에 아이가 다시 중심을 잡을 수 있는 시간을 충분히 제공한다. 수감된 아이에게는 걷기가 처벌의 대체 수단이나 형량 조절의 역할을 한다. 이 특별한 프로젝트와 더불어 교육관은 아이에게 성장하고 싶다는 욕구를 불러일으켜 발전의 계기를 제공해야 한다.

이런 제안을 받은 아이는 처음엔 매우 놀라고, 자신의 예상에서 완전히 벗어난 비현실적인 일이라고 받아들인다. 하지만 그의 눈은 호기심으로 반짝거린다. 이런 도전을 해낼 수 있을까? 휴대전화도 MP3 플레이어도 없이, 낯선 어른을 길동무로 삼아 말도 안 통하는 외국을 대략 2,000킬로미터 정도 걷는 일이라니! 한숨이 나올 수밖에 없다.

쇠이유를 찾는 아이들은 미성년자 사법 보호 감찰기관 출신이건 아동 상담소 출신이건, 1945년 2월 2일의 법령에 따라 교육적 보호 또는 행정적 결정의 혜택을 받았건 간에 모두 지극히 혼란스러운 시간을 보냈다. 학업과 경력은 이미 오래전에 중단되었고 그 이후에는 특별한 계획이나 대책이 없다. 가정 환경도 복잡하다. 그들 중 어떤 아이들은 재범을 저질렀고 교육기관, 보호 가족, 소년원 등으로 여기저기 옮겨 다녔으며 또 어떤 아이들은 교도소에 수감된 경험이 있다.

그들의 10대 시절은 이정표가 잘 갖춰진 평탄한 대로가 아니다. 다비드 르 브르통이 표현하듯 "걸어가면 이내 땅이 꺼지는 어지러운 오솔길"이었던 것이다. 그들은 스스로에게 과도한 자유를 허용했고, 그 결과 허용된 경계를 넘어서서 감당할 수 없는 지경에 이른 것이다. 쇠이유는 아이들에게 방황에서 벗어나 방향이 있는 산책을 하자고 제안한다. 걷기는 결집 또는 재결집의 시간이 될 수 있을 것이며, 그들의 상처를 아물게 할지도 모른다.

아이들에게 쇠이유의 장거리 걷기는 무엇보다 육체적으로 도움이 되는 활동이며, 나아가 정신적인 측면에서 자신의 한계와 새로운 감각들을 확인하고, 자기 자신과 타인을 알아가는 활동이다. 쇠이유의 걷기는 타인들이 지켜보는 가운데 스스로를 넘어서는 일이다. 그러기 위해서는 멀고도 가까운 1,500킬로미터를 견뎌내야 하지만 말이다.

아이들은 우선 몸이 버텨내지 못할까봐 걱정한다. 그들 중 운동을 좋아하는 아이는 매우 드물다. 아이들 대부분은 10대 때 자주 그렇듯이, 모든 스포츠 활동을 귀찮아하기 때문이다. 물론 누구나 처음 몇 주 동안은 물집, 근육통, 어깨 결림 등으로 고생한다. 그러나 시간이 지남에 따라 몸은 더욱 단단해지고 불필요한 무게들은 사라진다.

지금껏 걷기가 육체적 문제로 중단된 적은 한 번도 없었다. 아이는 자신이 상상했던 한계를 초월한 것에 놀라며, '스스로를 넘어선다'는 표현을 실제로 체험한다. 정신이 육체를 돕는 것이다. 키 150센티미터에 몸무게 45킬로그램의 몸으로 큰 어려움

없이 1,900킬로미터를 걸어서 주파한 열네 살의 소녀 수카이나의 사례는 그 사실을 완벽하게 증명해준다. 걷기의 끝을 알리는 파티에서 신체적으로도 완전히 성숙해진 아이는 고개를 들고 꼿꼿하게 서서 당신의 눈을 바라본다. 아이는 그사이 몇 센티미터 더 커졌을지도 모른다. 그러나 정신적으로는 그 이상 성장했다. 미셸 푸코는 이렇게 말했다. "행동하는 방법을 바꾸면 다른 사람이 된다."

또 다른 걱정거리는 익숙한 것과 결별하는 것이다. 기존의 습관을 벗어던지는 것은 두려운 일이다. 이런 결별은 대개의 경우 다스릴 수 있지만, 가끔은 아이들이 떠나는 걸 거부할 정도로 견디기 힘든 것이기도 하다. 주로 준비 기간에 이런 일이 발생하며, 45명 중 4명의 아이들이 이 경우에 해당되었다.

세 번째 문제는 자신과 함께 떠날 어른에 대한 염려이다. 남자일까? 여자일까? 어떤 식으로 진행될까? 내가 그 사람이랑 잘 통할까? 그 사람의 지시 사항들을 받아들이고 지킬 수 있을까? 아이는 동행하는 어른과 공조해야 한다. 두 사람은 매일같이 엄격한 일정에 따라 피레네 산맥을 출발하여 갈리시아를 거쳐 세비야에 이르는 경로를 하루 평균 25킬로미터씩 걸어야 한다.

세 달 이상 걷다 보면 아이의 시야가 넓어지면서 위상에 변화가 생긴다. 즉 아이는 자신의 의지 덕분에 스스로 해방되는 것이다. 걷기를 통해 아이는 자신이 처한 사회적 환경에서 비롯된 자신의 이미지와 결별하고, 사람들과 기존과는 다른 방식으로 관계를 맺을 수 있다. 또한 누군가를 믿는 법, 어떤 틀 안에서 자신을 통제하는 법을 배운다. 걸을 때는 역행할 수가 없다. 그러면 에너지가 고갈되기 때문이다. 자신의 한계를 받아들이면서도 노력해야 하고, 자신을 둘러싼 제약들을 이해하면서 스스로를 조절해야 한다.

또한 장기간의 걷기는 타인에 대해 눈뜨게 해준다. 스페인어 서른 단어 정도와 영어 몇 마디만 하면, 이제 전 세계 사람들과 대화할 수 있는 것이다. 길에서 만난 모든 이는 서로에 대해 놀라고, 각자의 모험을 신나게 이야기한다. 이는 관계 맺기의 과정이자 긍정적인 자기애의 과정이기도 하다. 걷기는 '서로를 향해 가고', '상대방을 오게 하는' 상호 보완적인 만남을 가능하게 해준다.

아이에게 카메라를 쥐여주면, 세상을 향해 마음의 문을 열어가는 과정을 매우 실제적이고 물리적인 것으로 남길 수 있다. 여행 동안 포착된 흔적과 기록은 아이가 원하기만 한다면 그를 다시 변하게 만들어줄 것이다.

아이는 걷는 시간을 충분히 활용하여 걷기 이후를 준비하게 된다. 그는 다시 사회로 돌아온다는 것을 현실로 받아들이고 차근차근 준비해야 한다. 대개의 경우 아이들은 후속 계획 없이, 최선의 경우에는 계획의 얼개만 그린 채 길을 떠난다. 걷기 이전 단계에서 반드시 구체적 계획의 필요성을 언급해야 하며, 걷는 동안 다양한 가능성들을 탐색하고 구체화해야 한다. 그리고 연수 기간 동안 담당 교육관과 긴밀하게 협조하여 계획이 완성될 수 있도록 최선을 다해야 한다.

동행자는 아이의 말을 듣고 전달해주며, 걷기 책임자와 단체가 이를 후원한다. 걷기가 끝날 때 모든 아이는 다시 학교로 돌아가는 것, 직업 연수 과정을 시작하는 것, 집으로 돌아가는 것, 자신과 더 어울리는 곳에 취직하는 것 등과 같은 기본적인 계획을 지니게 된다. 걷기의 성공으로 축적된 자신감이 그들을 새로운 단계로 이끌어준다. 아이들은 걷기를 무사히 마친 것처럼 멋진 도전을 계속 이어나가게 된다.

쇠이유에 지원하고 걸으면서 아이들은 달라지기 시작했다. 처음에 그들은 그저 단순히 여행을 떠나는 거라고 생각했지만, 그 여행이 자신을 만들어나가는 소중한 과정이라는 것을 곧 깨달았다.

쇠이유,
특별한 체험

| 마틸드 폴린느Mathilde Poline[*] |

특별하고 역동적인 배경에서 탄생한 단체의 일원이 되어, 소외된 청소년들이 여정을 통해 변화하는 모습을 관찰하는 것은 심리학자인 나에겐 보람 있고 만족스러운 경험이다.

　쇠이유의 걷기 프로젝트에 지원한 아이들은 단체에서 제공하는 동기부여 면접을 통해 자신의 자리를 찾고자 도전한다. 이러한 대면은 아이가 자신의 결정과 동기를 구체화할 수 있도록 도와준다. 결국 아이로 하여금 자신이 선택한 걷기에 스스로 의미를 부여하도록 하는 것이다. 일련의 동기부여 면접은 아이가 걷기 계획에 효과적으로 몰입하기 위한 필수적인 단계이다.

나는 모든 인터뷰를 진행할 때, 아이들에게 이 질문부터 던진다. "당신은 왜 세 달 동안 엄격한 규칙들을 따르며 낯선 어른과 2,000킬로미터를 걸으려 하나요?" 이에 대한 아이들의 다양한 대답은 그들이 살아온 특별한 여정을 반영한다.

"일자리를 찾고 집을 갖기 위하여" (장)

"나아가기 위하여" (파블로)

"나의 자율성을 손에 쥐기 위하여" (파비앵)

"내 엿 같은 삶을 끝내기 위하여" (시도니)

"올바른 길로 되돌아가기 위하여" (다비드)

쇠이유에서 나의 역할은 아이들 각각의 차이를 존중하면서, 아이들이 사회적 규칙을 받아들이려는 의지를 말과 행동으로 표현하는 데 도움을 주는 것이다.

지원자는 쇠이유의 심리학자 중 한 명인 나와 동기부여 면접을 통해 처음으로 만난다. 아이의 상황에 따라, 이 첫 대면은 쇠이유의 파리 본부에서 행해질 수도 있고 다른 특정 장소에서 행해질 수도 있다. 쇠이유는 항상 맞춤형 만남을 제안하는데, 우리는 늘 아이의 현실을 고려하기 때문이다. 바로 이러한 원칙에 입각해, 파비앵의 걷기 일정은 누이 결혼식에 맞춰 구상되었다.

쇠이유의 걷기 프로젝트는 폭력적인 현실로부터 거리를 두고 자신의 미래를 그려보는 기회가 될 수 있다. 걷기에 지원한 아이들 대부분은 지금까지 결별을 한 번 또는 여러 번 체험했다. 삶에서 일어난 빈번한 상실이 그들을 망친 것이다. 하지만 걷기를 통한 단절은 강제로 그들에게 주어진 것이 아니라 그들이 선택한 것이며, 사회와 여러 기관에서 인정받은 긍정적 의미를 지닌 것이다. 그들은 이 기회를 통해 자기 자신을 되돌아보고, 스스로 삶의 주인공이 될 수 있는 가능성을 발견하고자 떠난다.

동기부여 면접은 아이가 자신의 감정과 직면하게 해주는 자리이기도 하다. 바툴은 면접에서 단절이라는 주제를 심사숙고하기 시작했으며, 몇몇 거부 반응들을 제거해나갔다. 하지만 걸어서 2,000킬로미터를 돌파하는 건 단순한 일이 아닐 텐데, 아이들은 왜 이런 프로젝트에 참여하는 걸까? 왜 이 모든 노력을 들이려는 걸까? 아이는 무엇과 단절하고 싶은 걸까?

어떤 아이들에겐 이 질문에 대한 대답을 듣기가 매우 어렵다. 삶이 그들에게 너무나 큰 상처를 주었기 때문이다. 그들은 쉰 이유에서 자신의 생각을 재구성하기도 하고 자신의 이야기에 의미와 순서를 부여하기도 하며, 고독을 받아들이고 음미하는 법을 배우기도 한다.

곧 길을 떠날 아이들의 말에는 긍정적이거나 부정적인 감정들이 뒤섞여 있다. 불행했던 기억들을 지닌 채 자신이 누구인지를 인식하면서 앞으로 나아가는 것, 이것이 그들의 청소년기에서 가장 중요한 부분이다. 그러므로 첫 만남에서부터 아이가 스스로 질문을 하고 자신이 떠날 여정에 의미를 부여한다면, 그는 이미 한 걸음 앞으로 나아간 것이다.

가능성의 신호

동기부여 면접을 할 때 아이들은 한 명도 예외 없이 자신의 가장 좋은 모습을 보여주기 위해 외모에 신경을 쓴다. 아이에게 집중할 수 있는 장소에서 호의적인 시선으로 편견 없이 그들을 맞이

하는 것은, 모든 관계에서 필요한 전이轉移를 용이하게 해준다. 이러한 여건이 갖추어졌을 때, 동기부여 면접은 비로소 시작된다.

장과의 첫 만남은 소년원에서 이루어졌다. 면접 날, 그는 몇 달 만에 처음으로 단장을 했다. 약속 장소에 나오기 위해 그는 몸을 씻고 이발을 하고 가장 예쁘고 깨끗한 옷을 골랐다. 그는 이 만남을 자신에 대한 긍정적 이미지를 되찾을 수 있는 기회라고 생각했다.

소년원이라는 폐쇄된 공간에서 장은 스스로를 부정적으로 여기고 있었으며, 부랑자 같은 삶을 살고 있었다. 걷기에 참여하기로 선택한 것은 스스로를 재구성하는 첫걸음이었으며, 이를 통해 점차 긍정적인 나르시시즘이 형성되었다. 그로선 걷기가 희망을 되찾는 방법이었던 것이다.

동기부여 면접 날 아이들의 모습을 보면, 사회적으로 추방된 삶을 살던 그들도 사회적 관습들을 존중할 수 있다는 것을 확인할 수 있다. 장은 약속 시간에 맞춰 도착했으며, 대부분의 아이들이 그랬듯이 내게 예의 바르게 인사했다. 내가 소년원에 도착했을 때 장은 다른 작업 중이었는데, 약속에 늦지 않기 위해 시간에 맞춰 일을 중단했던 것이다.

성공적인 첫 면접은 아이를 파악하는 정보로써 가치를 지니며, 내게는 아이가 노력할 의향이 있다는 것을 의미하기도 했다.

기존의 환경으로부터 벗어나기 위해서는 여러 위험을 감수해야 한다. 친밀한 관계들을 변화시켜야 하며 어떤 사람들과는 관계를 단절해야 하고, 이에 따른 충격을 받아들여야 하기 때문이다. 이와 같은 심리적 갈등이 변화하려는 욕구와 실천을 억누를 수 있기 때문에, 미성년자 사법 보호 감찰기관, 아동 상담소, 쉬이유의 모든 관계자가 아이 곁에서 중요한 역할을 해줘야 한다.

열일곱 살의 소년 스테판은 위태로운 교우 관계를 맺고 있었다. 그는 친구들과 어울려 돌아다니며 술과 마약에 취해 살았다. 이러한 관계를 선택한 결과 그는 부정적 나르시시즘에 갇혀 있었다. 친구들이 자신의 심리적 균형에 미치는 영향을 깨달은 스테판은 친구들과 거리를 두길 원했고, 쉬이유는 그의 의지를 현실화하는 수단이 되었다.

자신의 패거리에 매우 애착하던 소년 장과의 동기부여 면접에서는 자신의 일상적 환경과 결별하려는 그의 의지를 들을 수 있었다. 그리고 그와 동시에 종이 위에 자기 친구들의 이름을 끼적이는 그의 손을 관찰했다. 장이 속해 있던 그리고 그에게 역할과 자리를 제공하던 범죄 집단이었다. 자신의 세계를 단념하는 일은 쉽지 않다. 비록 그 집단이 만족스럽지 못하고 그에게 빗나간

119

미래밖에는 제공하지 못한다 할지라도, 장은 거기에 매달렸다.

쇠이유와 함께 걷기를 선택한다는 것은 자신의 패거리로부터 벗어나는 위험을 감수하는 일이었다. 우리의 첫 만남에서 장은 궤도를 수정하고자 하는 욕망을 수차례 말로 표현하며 용기를 증명해 보였다. 쇠이유와 함께 길을 걷는 모든 아이는 이러한 용기를 지니고 있다.

아이와 동행자의 관계

아이가 정서 결핍과 집착 장애, 그리고 다양한 단절들로 고통받고 있을 때, 어른과 전적으로 신뢰할 수 있는 관계를 형성하는 것은 어려운 일이다. 대부분의 경우, 아이는 걷기 초반에 자신과 동행자와의 관계가 얼마나 단단한지 시험해본다. 어쩌면 아이는 결과를 확인한 후에야 안심하고 걸을 수 있을지 모른다. 아이에 따라 관계의 시작은 다양한 형태를 보인다.

열여섯 살의 바베트는 스페인 땅을 처음 밟는 순간, 동행자의 신용카드를 훔치면서 관계를 시험했다. 동행자 도미니크는 현명하게 대처했다. 그는 성인 동행자로서 자기 자리를 잘 지켰으며, 감정을 드러내지 않으면서 상황을 안정적으로 유지했다. 바베트는 부정적인 방식으로 관계를 시험했고, 도미니크는 긍정적인 방식으로 응답한 것이다. 이러한 과정을 통해 아이는 전적인 신뢰 속에서 걸을 수 있었다.

바베트는 걷기 프로젝트를 무사히 마쳤고 이를 계기로 세상에 대해 긍정적인 태도를 지니게 되었다. 바베트와 도미니크는 역동적이고 열정적인 '2인조'를 이루는 데 성공한 것이다. 그들은 길을 가면서 기쁜 마음으로 노래했고, 도미니크는 바베트에게 큰 소리로 책을 읽어주었다.

아이와 동행자 사이의 연결은 이처럼 근본적인 것이다. 만약 두 사람이 연결되지 못한다면, 대부분의 경우 걷기는 실패로 끝난다. 사실 길을 걷는 것은 단순하지만은 않다. 더욱이 청소년들은 쉽게 주의가 분산되어, 서로 믿으면서 차분하게 앞으로 나아가는 데 어려움을 겪는다.

열일곱 살의 시도니는 호텔에서 지내면서 가족 관계의 단절로 힘들어하고 있었다. 그녀의 가족은 흩어졌다 다시 합치는 걸 반복했다. 비정상적인 가족 관계에서 오는 심리적 고통으로 인해 그녀는 동행자와 안정적인 관계를 맺기 힘들어했다. 그 결과 그녀의 프로젝트는 그야말로 '유산되고' 말았다. 떠나기 몇 주 전부터 임신한 상태였던 시도니는 걷는 도중 이 사실을 알게 되었고, 결국 낙태를 결심하고 걷기를 중단한 것이다.

이처럼 둘 사이의 관계가 느슨하거나 단절된다면, 아이는 길을 잃을 수 있다. 결국 쇠이유의 걷기는 두 사람이 만나서 현실적이고 측정 가능한 목표를 함께 달성하기 위하여 관계를 맺는 일이다. 매일매일 단계별로 세분화된 계획에 따라 2,000킬로미터를 걷는 동안 상호 간에 믿음이 싹트며, 대부분의 경우 아이와 동행자는 조화를 이루게 된다. 일상 속에서 서로에게 의존하다 보면 유대감이 형성되는데, 실제로 걷기를 완수한 모든 팀에서 끈끈한 유대감이 발견되었다.

아이가 불안정 애착으로 힘들어하는 경우, 관계의 형성 여부가 관건이 된다. 시도니는 때로 폭력성을 띠며 동행자와의 관계를 깨뜨렸으며, 그 결과 걷기는 중단되었다. 아이가 독단적인 태도를 고집할 때도 관계 형성이 어려워진다. 파블로의 경우가 그랬는데, 열일곱 살 소년인 그는 동행자와 같은 속도로 걸으려 하지 않았다. 그는 지나치게 빨리 가려고 하면서 몇 번이나 길을 잃고 쓸데없이 우회했다. 이 과정에서 불만이 쌓여갔지만 파블로 혼자서는 감정을 효과적으로 다스릴 수 없었다. 그는 자신이 모든 걸 혼자 할 수 있다는 착각에 빠져 동행자와 보조를 맞추기를 계속 거부했다.

아이와 동행자의 관계가 조화롭지 않으면, 걷기는 성공하기 어렵다. 이런 이유 때문에 문제가 생길 경우, 쇠이유는 주저하지 않고 동행자의 교체를 제안하는 것이다. 자신의 동행자와 혼란스러운 관계를 지속했던 델핀의 경우가 그랬다. 그녀는 동행자를 혼자 독점하고 싶어 했다. 걷기 도중 어떤 이도 그들의 관계 속에 들어갈 수 없었다. 이러한 상황은 델핀이 자신의 불안을 극복하고 자립심을 기르는 데 장애가 되었다. 결국 우리는 델핀에게 걷기를 중단하든지, 동행자를 교체해서 계속 걷든지 결정을 내리라고 요구했다.

반대로 아이와 동행자의 관계가 잘 형성되면, 하루하루 목표 달성이 수월해진다. 그들은 각자의 역할을 수행하며 동시에 내일의 여정을 함께 준비한다. 이 과정을 일상적으로 거치면서 아이는 자립심과 결단력을 습득한다.

아이가 걷기를 완주하는 데 동행자는 결정적인 역할을 한다. 걷는 동안 동행자는 후원자이면서 동시에 길잡이이고, 기댈 수 있는 외적 대상이다. 아이는 동행자와 함께 실제 세상을 체험하고, 안전하게 사회적 공간으로 들어간다.

나와 타인을 받아들이기

사회에 편입하기 위해서는 그에 맞는 사회적 능력들이 요구된다. 아이는 강자를 추종하는 방식에서 벗어나 바람직한 사회화를 배워야 한다. 자신이 속한 패거리에서 인정받기 위해 더 이상 우스꽝스러운 짓을 할 필요도 없다. 걷기 프로젝트를 완벽하게 달성하기 위해서는 무엇보다 충동을 조절하는 법을 배우는 것이 중요하다.

스페인을 떠나기 전에는 꽤 충동적인 성향을 보였던 열네 살의 소녀 바툴은 자신의 충동을 억제하고 타인들과의 관계 속에 들어가는 데 성공했다. 그녀는 걷기에서 가장 즐거웠던 기억에 대해 다음과 같이 말했다. "피스테라 길에서 만난 순례자들과 함께 저녁 시간을 보냈다. 사람들을 모욕하지 않고 잘 지내면서 이렇게 계속 살고 싶다."

걸어서 2,000킬로미터를 주파하는 일은 고독에서 벗어나 문화적 다양성을 체험하고, 다른 사람들과 관계를 맺는 일이다. 길에서는 특별한 사람들과의 놀라운 만남이 부지기수로 일어난다. 이러한 만남은 아이들이 갖고 있던 정상正常에 대한 개념과 삶의 여정을 바꿔놓을 수 있다. 엘 카미노El Camino로 가는 길에서 바툴은 도움을 요청해야 할 상황에 처하게 되었고, 스페인 경찰은 그녀를 기꺼이 도와주었다. 그녀가 경찰과 만족스러운 관계를 맺은 것은 그때가 처음이었다.

다양한 사람들과 만나면서 아이들은 남과 다른 자신의 모습을 더 잘 받아들이게 된다. 그리고 아이는 사람을 만날 때마다 자신의 사회적 태도를 시험해볼 수 있다. 아이들은 처음에는 낯선 사람에게 어느 정도 경계심을 보이지만 나중에는 길에서 마주치는 모든 순례자에게 "부엔 카미노!Buen camino(좋은 여행 되세요)"라고 외친다. 아이들은 차츰 도보여행자 그룹의 일원이 되며, 그들의 규칙을 받아들인다.

도보여행자들이 다들 그러하듯, 아이는 쇠이유가 제공한 자신의 배낭과 신발, 티셔츠, 스웨터, 양말 등에 애착을 보인다. 떠돌이 생활을 하다가 정신병원에서 살았던 소년 베르트랑이 떠오른다. 그는 내가 순례자 숙소인 알베르게albergue에 도착하자마자 그곳의 규칙들을 설명해줬다. 자신이 가치 있는 공간 속에서 다른 사람들과 말썽 없이 지내게 되었음을 내게 알려주는 것이, 그에게는 큰 행복이었던 것이다.

파비앵은 혼자서 일어나기 어려워했다. 그는 아파트와 그 건물 아래에 있는 빵집을 오고 갈 때만 움직였다. 오직 비디오 게임에만 의존할 뿐 사회성은 전무한 상황이었다. 그런 그가 세 달 동안 매일 아침 일찍 일어나 2,000킬로미터를 주파했다. 파비앵은 귀환 파티에서 걷기를 완주한 것을 자랑스러워하며, 세 달 동안 자라난 턱수염을 기쁘게 보여줬다. 그는 이렇게 자신의 변모를 우리에게 보여주었으며, 자신의 성적 정체성을 확인하길 원했다. 귀환 파티 다음 날 그는 누이 결혼식에 참석했으며, 가족 모두에게 중요한 모임에 늦지 않겠다는 약속을 잘 지켰다.

걷기 이후의 진로 문제

프로이트에 따르면, 정상적이란 것은 사랑을 할 수 있고 일을 할 수 있다는 것을 의미한다. 엘 카미노에서의 만남은 아이들로 하여금 타인들을 다시 사랑하고 자신들의 미래에 다시 몰두하게 만들었다.

파블로는 길을 걷던 중 한 여행자와 사랑에 빠졌다. 그는 산티아고에서 그녀를 다시 만나고 싶어 했다. 두 번째 데이트를 앞두고, 그는 지원 그룹과 만난 자리에서 상대의 마음을 사로잡을 수 있도록 미장원에 가게 해달라고 부탁했다.

수감 중일 때 파블로는 배관 일에 관심이 있다고 말했다. 그러나 800킬로미터 이상 걸으면서 연인을 만나고 동행자와 우정의 관계를 맺은 후, 다시 진행한 진로 면접에서 그는 난방 설치기사 쪽으로 진로를 선택했다. 가정에 온기를 가져다주는 것이 직업적 목표가 된 것이다.

학교생활에 실패하고 추방당한 바툴의 경우, 엘 카미노로 가는 길에서 한 선생님과의 긍정적인 만남을 통해 배움에 대한 흥미를 되찾았다.

레미에게는 걷는 동안 진로를 정하는 것이 가장 중요했다. 스페인으로 출발하기 전에 그는 장사를 하고 싶다고 막연히 생각했다. 그 후 길을 걷고 수차례 진로 면접을 거치면서, 그는 자신이 오토바이 정비공에 관심이 있다는 걸 말로 표현하기에 이르렀다.

사실 그에게는 가족과 계속 연결되어 있는 것이 중요했는데, 그는 그 사실을 가족과 거리를 둔 후에야 인식하게 된 것이다. 레미의 어머니와 삼촌은 두 바퀴로 굴러가는 모든 것을 열광적으로 좋아하는 사람들이었다. 그래서 오토바이를 수리한다는 것은 그에게 또 다른 의미를 지니는 일이었다. 그의 진로 계획은 자신의 기대에 부응하는 것이었으며, 현실적인 동시에 실현 가능했다.

연수 기간에 우리는 레미가 오토바이 수리공 보조 자리를 찾을 수 있도록 이력서와 자기소개서 작성을 도와주었다. 자기소개서는 개인적인 것이었기에, 레미가 자신의 능력과 기량에 대해 스스로 작성하도록 내버려두었다. 우리는 단지 그가 자신의 동기들을 말로 표현하는 것을 도와주었을 뿐이다.

스페인으로 떠나기 전, 델핀은 자기가 뭘 원하는지 그리고 미래에 대해 어떻게 생각하는지 표현하지 못했다. 그러나 800킬로미터를 걷고 난 후, 그녀는 지원 그룹을 만난 자리에서 진로에 대한 자신의 바람을 제대로 말하는 데 성공했다. 개를 훈련하는 사람이 되고 싶다는 것이었다. 그녀의 선택은 자신의 성격에 비추어봤을 때 일관성 있었다. 불안정한 어린 시절을 보낸 그녀는 고독을 감당하지 못했고, 다른 사람이 항상 곁에 있어야 안심했다. 지속적인 정서적 집착으로 그녀는 자율성을 확립하지 못했다. 그녀는 자신의 감정들을 몸으로 표현했으며, 다른 사람에게 언제나 신체 언어로 말을 걸곤 했다.

그래서 나는 사모라^Zamora 중심부를 산책할 때 델핀과 진로 면접을 하기로 결정했다. 그리고 이를 통해 그녀는 자신이 바라는 진로를 말로 표현할 수 있었다. 그녀는 자신의 욕망에 다가갔으며, 자기 말을 들어주는 사람에게 그것을 말로 표현했다. 델핀은 자신이 개를 단장하는 일보다는 훈련하는 일에 더 어울린다고 생각했다. 그녀에겐 단순히 '예쁘게 보이게 하는 것'이 문제가 아니라, 어떤 육체를 자신이 통제하면서 충동성을 '길들이는' 일이 중요했던 것이다. 델핀에게는 흥미롭고 의미 있는 선택이었다.

걷기에 참여한 아이들 대부분은 걷기 이전에는 학업이나 직업적인 진로에 대해 제대로 결정을 내린 적이 없다. 선택한다는 것은 모든 가능성을 탐험한다는 것을 의미한다. 걷는 동안 아이는 자신의 과거와 현재를 차분히 떠올리며, 거기에 질서를 부여할 수 있다. 나의 임상학적 경험에 비추어볼 때, 현실에서 안정감

과 만족감을 느껴야 비로소 아이는 걷기 이후의 문제에 몰두한
다. 그리고 쇠이유의 걷기 프로젝트는 아이가 현실에서 다시 만
족을 느끼게 해주는 하나의 방법이 될 수 있다.

프랑스로의 복귀

아이들 대부분은 걷기가 심리적 긴장을 완화하고 부정적인 사건
과 거리를 두게 해주는 효과적인 수단이 될 수 있으며, 이후의 삶
을 더 잘 직면할 수 있도록 그들의 정신을 단련해준다는 것을 발
견한다.

　익숙한 환경으로 되돌아오는 순간은 매우 특별하다. 바툴은
귀환 파티에 참석하기 전에, 내게 새 신발을 고르는 데 함께 가
달라고 부탁했다. 그녀는 예쁘고 편안한 신발을 찾고 있었다. 정
말 귀엽지 않은가! 바툴은 아주 예쁜 원피스를 입고 있었는데, 신
발을 몇 켤레나 신어봤다. 마침내 그녀는 굽이 낮고 가격이 적당
한 신발을 선택했다. 그녀는 바로 이 순간을 통해 이제 자신의 환
경으로 돌아갈 준비가 되었음을 내게 분명히 밝히고 있었던 것이
다. 그녀는 가족, 교육관, 판사, 친구 들에게 기대와 감탄을 불러
일으킨 진정한 주인공이었다.

절약은 걷기에서 배우는 또 다른 가치이다. 기초적인 욕구들을 만족시키는 데 꼭 필요한 것만 구입하도록 예산을 조절하는 일은 내규의 일부이다. 다소 자기도취적이고 소비 지향적이었던 파블로는 걷는 동안 절약하며 지내는 데 성공했다. 그는 걷기를 완주하지 못한 것에 실망했겠지만, 그래도 자신의 불만을 다스릴 수 있었다. 게다가 자신의 아들이 몹시 낙심했을 거라 생각한 파블로의 아버지가 과자와 사탕을 가득 담은 소포를 보내왔다. 파블로는 몹시 기뻐하며 먹을 것들을 배낭 속에 몽땅 집어넣었고, 그것을 즐겁게 지고 갔다. 길을 가면서 한 개씩 음미할 생각이었던 것이다.

먹는 즐거움은 대체로 아이들을 가족과 연결해준다. 내가 속해 있었던 지원 그룹과의 만남에서, 바툴은 깜짝 놀라며 기뻐했다. 걷기 책임자가 그녀의 어머니가 만든 쿠스쿠스를 전달해줬던 것이다. 그녀는 그날 주위에 있던 모든 사람과 그 선물을 나누고 싶어 했다. 자신의 기쁨을 사람들과 함께 나누는 바툴의 모습은 귀환 파티 때 대형 스크린 위로 투사되었다.

쇠이유는 소외된 청소년들이 삶에 대한 발전적 전망 속에서 생생하고 꾸밈없는 현실을 체험할 수 있는 기회를 준다. 만약 아이가 이 기회를 붙잡는 데 성공한다면, 그는 아마도 자신을 가두던 벽을 깰 수 있을 것이다. 자신만의 속도로 전진하는 시간 속에서, 아이는 '더 잘해야 한다'는 경쟁도 잊고 오직 잘 살아남기 위해 그리고 자기 자신과 타인들을 이해하기 위해 꾸준히 나아간다.

서로의 차이를 인정하며 집단 속에서 지속적으로 만족스럽게 살아가는 것, 이는 곧 모든 청소년에게 문턱을 넘는 일이다. 소외된 아이들 중 몇몇은 누군가와 함께 이런 긍정적인 도전을 하고자 한다. 그리고 그들은 쇠이유가 자신의 도전을 실현하기에 이상적인 틀을 지니고 있다고 생각하기에, 용기를 내어 문턱을 넘는다.

3

전문가의
목소리

위대한
동행

| 다비드 르 브르통David Le Breton[*] |

청소년이 어떤 사회나 단체의 규율을 위반하여 처벌을 받아야 할 경우, 완곡한 형태건 아니건 간에 그를 가두거나 추방함으로써 일종의 복수와도 같은 형벌을 가해도 되는 것일까? 행동주의 심리학은 아이가 지닌 삶에 대한 통찰력과 스스로의 행동을 도대체 언제쯤이면 인정하거나 옹호하게 될까?

교육자 페르낭 들리니Fernand Deligny의 이 멋진 지적을 상기해보자. "당신이 경찰 노릇을 하면 그들은 강도 노릇을 할 것이다. 당신이 신 노릇을 하면, 그들은 악마 노릇을 할 것이다. 당신이 교도관 노릇을 하면, 그들은 죄수 노릇을 할 것이다. 그런데 당신이 당신 자신이 되면, 그들은 매우 난처해 할 것이다."

만약 넓은 의미에서의 교육이 아이를 더 이상 범죄자로만 보지 않는다면, 교육은 아이에게 다시 아이가 될 수 있는 기회를 부여할 수 있다. 그리고 아이 또한 자기 앞에 있는 사람이 더 이상 사회 질서에 몸을 바친 경찰이 아니라, 그에게 성장의 기쁨과 배움의 즐거움을 알려줄 수 있는 어른임을 보게 된다.

처벌은, 특히 감금의 형태를 취하는 경우 어떤 교육적 가치도 지니고 있지 않으며 오히려 청소년 집단의 반사적인 방어 본능을 강화한다. 결국 처벌은 다음번에는 붙잡히지 않도록 더 영악해져야 한다는 것 외에는 아이에게 아무것도 가르쳐주지 않는다. 처벌을 적용하는 것은 일방적인 행위이며, 교환이 아니라 힘의 논리이고, 아이를 사회적 관계로부터 배제한다. 그것은 또한 아이로 하여금 자기 주위에는 강한 자들과 약한 자들이 있으며, 또다시 붙잡히지 않으려면 더 강한 부류로 옮겨 가야 한다는 생

• 인류학자이자 스트라스부르 대학교 사회학과 교수. 주요 저서로 『걷기예찬』이 있다.

각을 굳히게 한다. 이런 의미에서 합법적인 것이 항상 정당한 것은 아니다.

아이들의 반항적인 태도는 상처투성이의 삶이 남긴 강렬한 흔적임을 잊어서는 안 된다. 아이들에겐 나쁜 의도가 아니라 숨겨진 고통이 있을 뿐이다. 이 고통은 몸에 익은 습관과 연결되어 있기 때문에, 거기서 벗어날 수 있는 방법을 아이에게 알려주어야 한다.

처벌이 아이의 행위와 아이 자신을 동일시하게 만든다면, 교육적인 징계는 아이 자신과 상황이 만들어낸 행위는 다르다는 것을 깨닫게 한다. 어른과 함께 걷는 동안 아이는 자기가 한 행위의 의미와 원인, 그리고 그것이 타인들에게 미친 영향에 대해 한 걸음 물러나서 생각하게 된다. 이때 어른은 아이가 앞으로 나아갈 수 있도록 도와준다. 사회사업의 원칙은 바로 이런 것이다. 무조건 처벌하는 게 아니라 알려주는 것 그리고 어린 시절의 결핍과 균열이 아니었다면 자신의 길이었을지도 모를 그 길을 아이가 언젠가 되찾을 수 있도록 동행해주는 것.

고전적 의미에서의 처벌은 자신이 세상에서 배척당했다는 느낌과 거기에 굴복하지 않기 위해 엇나가려는 생각만 더 강화한다. 장거리 걷기를 제안하는 일은 사회사업의 원천인 교육적이고 사회적인 길을 추구하는 것이며, 아이를 방해꾼이 아닌 동등

한 존재로 대하는 것이다. 이러한 태도는 아이에게 자신의 책임에 대해 일깨워주면서, 그를 반항이나 복종이 아닌 새로운 차원의 인식으로 이끈다.

성장의 기록

쇠이유가 제안하는 걷기는 일련의 목표들을 포함하고 있다. 아이로 하여금 타인과 함께 살아가는 데 필요한 기준들을 공들여 세우게 하는 일, 독립성과 자기 자신 및 타인에 대한 신뢰를 키우는 일, 걷기를 마치고 돌아올 때까지 직업적 계획을 통하여 자신의 삶을 설계하도록 이끄는 일이 그것이다.

쇠이유 대표자들과의 첫 만남은 결정적이다. 신뢰감을 형성하는 중요한 순간이기 때문이다. 아이들 중 하나는 이렇게 말한다. "그 사람들이 정말 날 도와주고 싶어 한다고 느꼈어요." 또 다른 아이는 이렇게 말한다. "그 사람들은 지금까지 날 따라다닌 교육관들과는 달랐어요."

걷기는 완벽한 삶을 추구하는 것이 아니라, 자신의 문제를 마주하고 삶의 기쁨을 인식하기 위한 내면의 여정이다. 이 모험에서 동행자의 역할은 매우 중요하다. 어른도 아이 곁에서 밤낮으로 똑같은 노력을 하고, 똑같은 감정을 느끼며 항상 함께 있기 때문이다. 두 사람이 공통된 이야기를 만들어가는 것이 여정을 가치 있게 만들어준다.

아이와 동행자가 함께 작성하는 주간 보고서는 아이의 변화를 잘 보여준다. 스페인 길을 함께 걸었던 동행자 에마뉘엘은 프레데리크에 대해 첫 주부터 이렇게 썼다. "그는 콜라를 덜 마시며, 그가 늘 사용하던 '몰라요'라는 말 뒤로 숨는 횟수도 줄고 있다." 프레데리크는 때로 주도권을 쥐기도 했으며, 그에게 방향을 알려주던 동행자들을 앞질러 홀로 걷기도 했다. 에마뉘엘은 다시 이렇게 적고 있다. "그는 매우 침착했으며, 시간을 잘 조절했다. 그는 아름다운 숲을 혼자 즐길 수 있었던 것에 대해 행복해했다. 남은 날들도 순조로울 것 같다." 프레데리크 역시 주간 보고서에서 이렇게 감탄하고 있다. "오늘 난 혼자서 길도 잃지 않고 한 단계를 마쳤다. 기적이다!" 이렇게 배운 독립성은 남은 여정까지 계속 이어질 것이다.

한번은 두 사람이 길을 잃고 헤맸다. 프레데리크는 발에 생긴 부상으로 힘들어했지만, 배낭에서 베를렌Verlaine 시집을 한 권 꺼내 자기가 좋아하는 시들을 에마뉘엘에게 읽어주었다. 두 사람 모두 「내 익숙한 꿈」이라는 시를 외우고 있었다. 바로 그때 오랫동안 찾아 헤매던 마을이 그들 눈앞에 나타났다. 실로 축복받은 순간이 아닐 수 없다.

여행 막바지에 이르러 프레데리크는 동행자 에마뉘엘에게 고마운 마음을 전했다. "이 발 빠른 순례자는 이제 나랑 진지하게 이야기할 수 있는 친구가 되었어요." 감탄하며 또 조금은 아쉬워하며, 그는 이렇게 덧붙인다. "방금 마친 이 세 달 동안의 걷기는 나에게는 정말 충격이었어요. 그런데 이제는 멈추고 싶지 않아요! 이제 미국까지 헤엄쳐 갈 수도 있을 것만 같아요. 어쨌든 절대 잊지 못할 아름다운 경험이었습니다."

다른 예를 들어보자. 시골렌과 함께 걸었던 열여섯 살의 갸비는 처음엔 울먹거렸고 망설였으며 걷는 걸 힘들어했다. 몇 주가 지난 후 동행자인 시골렌은 이렇게 보고했다. "그는 조금씩 건강해졌으며 변화를 자랑스러워했다." 갸비 또한 걷는 동안 자신의 어머니와 친구들과 함께 보냈던 시간들에 대해 많이 생각하게 되었다고 주간 보고서에 적었다. 그는 한 걸음 물러나서 자기의 고민들을 객관적으로 바라보게 되었으며, 돌아간 후의 직업 계획에 대해 숙고할 수 있었다. 그는 베르나르 올리비에의 책 『나는 걷는다』를 처음 읽었을 때 느꼈던 그 순간을 길 위에서 경험한 것이다.

갸비는 피스테라 쪽으로 가는 길에서 스페인어에 처음 입문했다. 프레데리크가 그랬던 것처럼 그도 시골렌을 앞질러 숙소에 먼저 도착해 의기양양하게 기다렸다. 그는 시골렌에게 자기 고민들을 털어놓았으며, 동행자를 우호적으로 받아들였다. 그는 이렇게 말한다. "생각하는 게 좀 자란 것 같아요. 분명 나는 예전보다 생각이 더 깊어졌어요."

시골렌도 이렇게 말한다. "가비는 걷기가 진행될수록 독립적이고 책임감 있는 모습을 보여주었다. 열흘이 지난 후부터 그가 회계를 담당했다. 우리는 걷기 이후 계획과 걷기에서 얻는 것들에 대해 자주 얘기했다. 가비는 내면적으로도 앞으로 나아가고 있었으며, 먼 미래에 대해서도 점점 더 차분하게 생각하게 되었다."

걸은 지 두 달이 넘었을 때, 가비는 이렇게 말했다. "나는 매일매일을 마치 마지막 날인 것처럼 보내고 있다." 여행이 끝났을 때 그는 이런 경험을 할 수 있었던 것에 대한 감동을 고백했다. 많은 아이에게 걷기는 지금까지의 삶에 종지부를 찍는 것이다. 걷기를 완주하여 자기 자신에 대한 신뢰를 회복한 아이는 자신 있게 사회로 걸어 들어갈 수 있다.

걷기가 아이를 얼마나 성숙하게 만드는지 보여주는 또 다른 예들은 헤아릴 수 없이 많다. 자신의 일상에서 완전히 벗어나 몇 달 동안 걷고 돌아오면, 부모들은 나약한 아이가 아닌 훌쩍 자라난 젊은이를 발견하게 된다. 아이가 세상을 향해 문을 열었다는 사실은, 그가 거쳐온 나라의 언어를 익히고 독서의 즐거움을 발견하게 되었다는 데서 알 수 있다. "애가 책을 읽기 시작했어요." "애가 코란을 공부하더니 이젠 우리보다 더 잘 알더라고요. 성경이랑 모세의 율법도 파고들던데요." 네 명의 아이들에 대한 첫 번째 평가가 이루어졌을 때, 질문에 응한 어머니들은 아이들이 보여준 이례적인 변화에 대해 고마움을 표현했다.

걷기란 일상으로부터 멀리 벗어나는 일이다. 그것은 정체성의 제약과 그에 따른 무게를 잠시 내려놓는 일이다. 걷기는 아이들에게 부여된 이미지에서 벗어나는 기회이다. 자기를 전적으로 믿어주는 동행자와 함께 걷는 동안, 아이는 자신을 옭아매던 부정적인 평판으로부터 완전히 벗어나 자신을 새롭게 만들어나갈 수 있다. 자신을 신뢰하며 호의적인 시선으로 보는 사람들과의 공존은 아이에게 중요한 상징적 효과를 이끌어내고 있다.

걷기, 내적인 변모의 과정

길을 걸으면서 우리는 중심을 다시 잡게 된다. 즉 자기의 길을 다시 찾는 것이다. 과거의 자신과 결별한 아이는 이제 어디로 가야 할지 헤맨다. 이 막다른 골목에서 벗어나기 위해서는 그를 둘러싼 벽에 창문을 낼 수 있는 내면의 힘이 필요하다. 아이가 걷기로 결정한 것은 무기력한 상황에서 마침내 빠져나오기 위해 창문을 열어젖힌 것과 같다.

모든 종류의 장거리 걷기는 내적인 변모를 불러일으킨다. 처음에는 산책으로 시작하지만, 걷기는 차츰 내적인 이상향에 더 가까워지기 위한 순례로 바뀌게 된다. 오늘날의 도보여행자는 개인적인 구도를 행하는 순례자이다. 걷기란 언제나 내적인 시간 속으로 나아가는 일이며, 길 위에서의 생생한 현존과 여정에서 막 사라져가는 것들을 동시에 체험하는 것이다.

아이가 걷기를 내면적인 길 찾기로 변화시키지 못한다면, 그가 걱정의 구속에서 벗어나지 못한다면, 그가 타인들과 화해를 시도하지 않는다면, 이 몇 달 동안의 걷기는 최소한의 가치밖에 지니지 못한다. 아이는 스스로를 한없이 먼 곳까지 끌고 가되, 자신의 중심을 잃지 않아야 한다.

발길이 닿는 공간 하나하나는 다양한 발견의 가능성을 지니고 있다. 그렇기 때문에 아무리 탐험해도 공간은 고갈되지 않는다. 걷기에 참여한 아이들은 어떠한 불빛도 없는 온전한 밤과 지금까지 본 적이 없었던 별들을 발견하고 놀란다. 또한 그들을 두렵게 만들지만 마음을 흔들기도 하는 침묵을 듣는다. 여정이 끝날 즈음에는 소통이 단절되지 않으면서도 함께 침묵을 지킬 수 있다는 것 그리고 타인들이 언제나 자신에게 적대적이지만은 않다는 것을 배운다.

햇볕에 달구어진 소나무의 향긋한 냄새, 들판을 가로질러 흐르는 시냇물, 무심하게 오솔길을 지나가는 여우…… 장소들은 때로 사람을 치유하는 힘을 지니고 있다. 삶이 마침내 명료하게 드러나는 이 눈부신 자장磁場 안에 잠겨, 아이는 자기 자리를 찾았다고 느낀다.

걷기가 그 자체로만 끝나서는 안 된다. 돌아온 뒤에 사회적이고 교육적인 후속 작업들과 연결되지 않는다면, 걷기의 좋은 효과는 모두 헛될 뿐이다. 따라서 쇠이유는 몇 년 동안 지속적으로 아이에게 특별한 관심을 보내고 지켜본다.

걷기에 참여한 동행자들 또한 엄청난 가치를 지닌다. 동행자는 일종의 촉매 작용을 하며, 가장 이상적인 경우에는 아이가 동행자를 본보기로 삼아 그와 같은 어른이 되고 싶다는 생각을 품기도 한다. 하지만 걷는 동안 동행자가 아이와 진정한 관계를 형성하지 못한다면, 그는 아이에게 어른들의 무능함만 재확인시켜줄 뿐이다.

쉬운 것은 하나도 없다. 꼭 동행자의 무능력 때문에 걷기가 실패한다고 볼 수는 없으며, 그 책임은 아이에게도 있을 것이다. 이 두 사람이 서로 맞지 않았을 뿐, 다른 상대였다면 걷기가 성공적이었을지도 모르는 일이다.

걷기가 성공하기 위한 또 하나의 관건은 아이가 자기 자신을 믿으려는 의지이다. 쇠이유의 걷기 프로젝트에 참여한 모든 아이가 걷기를 완주하는 것은 아니다. 드물기는 하지만 어떤 아이들은 그만두고 싶어 한다. 하지만 아이들 대부분에게 이 여정은 그들로 하여금 인생의 주인공으로 되돌아갈 수 있는 기회를 제공한다. 그리고 아이들은 걸으면서 자신의 나약함을 내면의 힘으로 변모시킨다.

위기에 처한 아이들을 위한 테라피

| 다니엘 마르첼리Daniel Marcelli[*] |

쉬이유가 제안하는 걷기 프로젝트에 참여한 청소년 중 절대다수
는 미성년자 사법 보호 감찰기관 소속이며, 어떤 아이들은 아동
상담소에 속해 있다. 이 아이들이 겪고 있는 가장 흔한 문제는 범

[*] 아동 심리학자이자 푸아티에 의과대학교 아동·청소년 심리학
교수

죄 행동, 폭력적 태도, 불안정한 사회적 관계, 합법적 또는 불법적 물품의 소비 등이다.

이러한 문제 외에도 그들은 관계를 형성할 때 심리적인 불안 증세를 보인다. 특히 일찍부터 경험한 소외와 학교생활의 실패, 비주류 그룹과의 배타적 교우 관계로 인해 사회적 관계를 맺기 어려워하거나, 타인에 대한 공감 능력이 떨어지거나, 공격적이고 충동적인 모습을 드러내기도 한다. 이러한 청소년 대부분은 의학적, 심리학적 평가를 통해 '정신 질환자'로 규정된다.

물론 이들에게는 결핍과 폭력으로 얼룩진 어두운 과거가 있다. 아주 어린 시절부터 충분한 관심과 교육을 받지 못했고, 여러 입양 가족과 교육기관을 옮겨 다니거나 입퇴원을 반복하는 동안 수많은 단절을 경험했다. 그런데 이러한 방황과 단절의 시간들 사이에 가끔 '이상적인' 단계가 끼어들기도 한다. 바로 아이들을 이해하고 용서해줄 수 있는 유일한 사람이라고 간주되는 어른과 융합을 이루는 순간이다. 이 어른은 조부모일 수도 있고 부모 중 한 명(일반적으로 아버지보다는 어머니)이거나 이모일 수도 있다.

이 아이들은 태어난 이후부터 항상 폭력적인 분위기 아래에서 성장해왔다. 이들은 폭력의 관객이거나 희생자였다. 폭력은 곧 존재의 방식이자 갈등을 해결하는 방식이었다. 이들은 폭력을 '가하거나 당하는' 방식에 사로잡혀 있다. 이들에게 상호적이고 공감적인 관계란 거의 체험해보지 못한 낯선 것이다. 그러다 아이들은 청소년이 되면서 자기들끼리 살아가는 데 익숙해졌으며, 이제까지 만족스러운 관계를 맺어본 적이 없는 어른보다는 당연히 또래 친구들을 더 신뢰한다.

물론 다비드 르 브르통이 정확히 지적하듯, 이들은 발전의 잠재력과 삶에 대한 욕구, 개방의 가능성을 지니고 있다. 다시 강조하지만, 이러한 동인動因이 작동하기 위해서는 주변 조건들이 이들에게 호의적이어야 한다. 다비드 르 브르통은 걷기에서 아이들이 얻는 체험에 대해 훌륭하게 설명하고 있다. 그리고 나는 청소년 정신과 의사로서 이들의 정신병리학적 상황이 어떠한지에 대해 집중하고자 한다. 쇠이유가 제시하는 걷기는 과연 아이들의 무거운 과거까지도 치유할 수 있을까?

두 발을 번갈아가며 앞으로 놓는 행위 자체는 치유적인 가치를 지니고 있지 않다. 게다가 이 아이들이 평소에 걷지 않는 것도 아니다. 이들은 특히 밤에 이런저런 이유로 몇 시간 동안 걷기도 한다. 직업상 나는 배회하는 청소년들을 많이 만나왔다. 따라서 쇠이유가 제시하는 체험 안에는 단순한 걷기 이상의 무엇이 있다. 나는 바로 그 점을 밝히고자 한다.

쇠이유의 특이성은 우선 준비 기간이 있다는 것이다. 걷기에 참가하고자 하는 아이는 반드시 사전에 걷기에 대한 정보를 제공받아야 하며, 제안 내용에 대해 충분히 숙지했다고 스스로 느껴야한다. 받아들일 것인지 거부할 것인지에 대한 자유가 있다는 사실은 아이가 참여하는 데 근본적인 요소이다. 이런 의미에서 사전 합의 없이 아이들에게 취해지곤 하는 무수한 교육적 조치들과 완전히 다른 입장을 취하는 쇠이유의 원칙은 전적으로 옳다. 쇠이유는 아이의 부모에게도 자세한 정보를 제공한다. 이 기간은 걷기의 시작과 끝을 함께하는 다양한 의식으로 이루어진다.

두 번째 요소는 매우 중요한데, 그것은 습관과의 단절이다. 소외된 아이들은 어떤 의미에서 결코 고립되어 있지 않으며, 패거리라고 불리는 그룹에 언제나 속해 있다. 이 패거리는 분명 그들을 지탱해주는 동시에 부추긴다. 우리는 패거리가 어떤 식으로 작동하는지 알고 있다. 정신분석학자인 위니코트의 표현대로 그룹은 항상 가장 심각한 자의 수준에서 움직인다. 아이가 패거리에 속할 때, 그는 이 패거리의 틀 안에 스스로를 가두는 경향을 보인다. 즉 어떤 음악을 듣고 어떤 장소를 드나들지, 또 어떤 물품을 소비하고 어떤 범죄 행위를 저지를지도 패거리의 선택을 따르는 것이다.

　물론 이 아이는 친구들 곁에 있을 때 이해와 지지, 그리고 격려와 인정을 받는다. 이들의 존재는 아이가 시달리는 정체성의 결함, 실존적 고민과 스스로에 대한 자괴감이라는 문제에서 붕대와도 같은 역할을 한다. 하지만 이는 진정한 공감의 관계라 할 수 없는데, 아이가 무릎을 꿇거나 잠시라도 약한 모습을 보이거나 의심하기 시작할 때, 그리고 범죄 행위에 가담하길 원하지 않을 때, 그는 즉시 조롱과 멸시의 대상이 되고 추방당할 위험에 놓이기 때문이다.

　자기 패거리 안에서, 자기 구역 안에서, 그리고 자기의 습관 속에서, 아이는 어쩔 수 없이 항상 '기대치'에 맞춰 더 격렬하게 행동할 수밖에 없고, 그럴수록 사회에서 그들에게 가하는 낙인은 더욱 깊어진다.

　청소년의 병리학적 자기 강화 과정에서 집단적 차원의 위력이 어느 정도인지, 사람들은 잘 모르고 있다. 따라서 걷기를 진행하기 위해서는 아이가 기존의 환경과 단절된다는 것을 받아들이는 일이 무엇보다 중요하다. 쇠이유의 걷기 프로젝트가 진행되는 동안에는 이러한 단절이 거의 완벽하게 이뤄진다. 아이는 자신의 가족과 친구, 동네, 심지어 습관과 언어로부터도 멀어지기 때문이다. 이렇듯 단절을 받아들이는 일은 처음에는 아이를 불안정하게 만들지만 한편으로는 몸과 마음을 열 수 있는 첫 단계이기도 하다.

　세 번째로, 아이는 혼자 떠나지 않는다. 동행자와 함께 떠나는 것이다. 그리고 예정된 여정을 따른다. 이러한 걷기는 가출할 때 경험하는 방황과는 다르다. 아주 오래된 인도-유럽어 '신니sinni'는 동행자, 즉 걷기에 '방향sens'을 부여하는 사람을 뜻한다. 사실 모든 여행은 방향을 지니고 있다. 이 인도-유럽어 어원은 방향을 지각하는 감각의 차원과 더불어 '내가 어디로 가는가', '이 여행의 방향은 무엇인가'에 대한 의미의 차원을 동시에 함축하고 있다.

　동행자는 걸으면서 함께 여행의 의미를 발견해가는 사람이다. 어른은 혼자 걸을 때, 사실 자기 안에 있는 또 다른 사람과 내면의 대화를 하며 함께 걷는다. 걷기가 지닌 힘은 이러한 내면적 대화의 의미를 재발견하는 데 있다. 그러나 폭력의 희생자가 된 아이들의 경우, 내면의 목소리는 침묵하거나 폭력과 충동을 부추기는 메아리에 불과하다. 시간이 지나면서 이 메아리가 차츰 입을 다물게 만들어야 하며, 대신 동행자의 목소리를 듣고 거기에 동화되도록 해야 한다. 동행자의 역할은 그래서 절대적으로 중요하다.

　아이는 처음으로 타인이 자기를 돕기 위해, 공감하기 위해,

그리고 무엇보다 자신을 돌보기 위해 있음을 깨닫게 된다. 누군가가 자신의 발을 마사지하거나 물집을 치료해주는 걸 보면서, 아이는 타인을 긍정적으로 인식하는 것이다. 동행자가 아이 앞에 몸을 낮출 이유는 아무것도 없는데도 그는 아이의 아픈 발을 낫게 하려고 흔쾌히 땅에 무릎을 꿇는다. 고통스러운 과거를 지닌 청소년들에게 이러한 체험은 완전히 새롭고 놀라운 것이다. 게다가 이 체험은 매일 되풀이된다.

오랜 시간 걷다 보면 다른 사람에게 자기 이야기를 하고 싶은 욕구가 생겨난다. 주먹질을 하던 벽도 없고, 발길질을 해대던 문도 없고, 위반하면 처벌받는 규칙도 없다. 땅에 앉고 싶으면 앉으면 되고, 뛰고 싶으면 뛸 수 있다. 좀 더 멀리까지 가고 싶으면 그럴 수도 있다. 아이의 충동성이 금방 사라지는 것이 아니기에, 아이는 몇 번쯤 그리할 것이다. 하지만 계속 걷거나 앉거나 동행자가 자기 근처에 오는 걸 기다리는 것 외에, 아이가 무엇을 할 수 있겠는가?

걷기는 지속의 시간이다. 이 아이들은 지금까지 대체로 순간 속에 살았지만, 걷기는 지속을 체험하게 해준다. 청소년들이 활주 스포츠를 좋아하는 것은 그것이 지닌 불확실한 차원과 상대적인 비상과 자기만족감 때문이다. 그러나 걷기는 속도를 겨룰 필요가 없다. 느리지만, 안정적이고 점진적이다.

몇 주가 지나면 아이는 동행자와 감정을 나누기 시작한다. 이때의 감정은 증오와 폭력, 분노 등과 같은 충동적인 것들이 아니다. 비록 초반에는 다소 그럴 수도 있다. 아이는 처음에 불만을 느끼다가 조금씩 일시적인 불편함을 참아내고, 하루가 끝날 때쯤에는 성취감을 경험한다. 이렇게 긍정적인 경험이 쌓이면서, 아이들은 천천히 마음의 문을 연다. 마침내 걷기가 막바지에 이르면, 아이는 자신의 성취에 자부심을 느낀다. 어떤 결과는 사진처럼 눈에 보이기도 한다. 반면 정서적 흔적들은 보이지는 않지만 더 은밀하고 깊게 남겨진다.

사실 이 아이들의 기억은 대개 단절과 분노 같은 폭력적인 순간들로 이루어져 있다. 그러나 걷기를 통해 처음으로 아이는 겉보기엔 미미한, 인류학자 라플랑틴Laplantine의 표현을 빌리자면 '보잘것없는 작은 것들'로 이루어진 사건들을 모두 기억하게 된다. 이것들은 몇 주나 몇 달, 몇 년 후에도 기쁘게 되새길 수 있는 추억이 되어 아이의 일상을 가득 채워줄 것이다. 걷기란 이처럼 스스로를 긍정적인 존재로 인식하는 데 기여한다. 그리하여 동행자와 함께 걷는 매 걸음은, 아이의 구멍 난 자기애를 어루만져주는 위로와도 같은 것이다.

걷기를 마친 후, 아이가 다른 사람들에게 자신이 해낸 것을 보여주고 이를 함께 나누고자 하는 것은 자연스러운 일이다. 이를 통하여 아이는 오래된 습관에서 벗어나는 힘을 갖게 될 것이다.

물론 걷기가 실패하는 경우도 있다. 이러한 실패는 아이의 병리학적 경향이 이미 오래전부터 자리를 잡아 매우 확고하게 굳어졌을 때 일어난다. 정신 장애처럼 극심한 혼란을 겪고 있는 아이는 걷기를 완주할 수 없을 것이다. 그래서 쇠이유의 책임자들은 그들이 제공하는 도움이 적합하지 않은 아이들을 식별해내는 법을 배웠다. 하지만 그런 아이들은 혜택을 받는 아이들과 비교하면 훨씬 적다.

순진하게 생각하지는 말자. 걷기를 마친 모든 아이가 단번에 변하는 것은 아니다. 하지만 걷기를 통한 느림의 체험 덕분에, 매 걸음마다 다리를 앞으로 내미는 노력을 한 덕분에, 그들은 사회가 요구하는 쉽지 않은 삶의 여정에 다시 참여할 수 있게 된다.

긴 여정에서 돌아오면 아이들은 민낯 그대로의 사회를 발견하게 될 것이다. 약자에게는 꽤나 힘겨운 사회, 너그럽기보다는 엄격한 시선으로 항상 타인을 검증하려 하는 사회. 아이들이 이 '대장정'을 거치며 현실적으로 사회를 인식하게 된다는 점에서 걷기는 분명 반복 가능한 잘못을 예방하는 데 도움을 줄 수 있다.

사회라는 문턱
넘기

| D.W. 위니코트 Winnicott® |

"청소년들은 이해받길 원하지 않는다. 그들은 만남을 원한다."

쇠이유 프로젝트의 독창성은 성인 동행자와 함께하는 일상적인 만남과 시간을 제안한다는 데 있다. 소수가 만들어내는 긴밀한 관계는 주도권 다툼과 집단적 흥분, 그리고 정체성의 상실을 피하게 해준다. 아이는 이 긴 모험 속에서 스스로를 책임지며, 자신의 역할을 정의하고 실천한다. 예상치 못한 일과 직면했을 때는 아이도 어른도 각자 해답을 찾아야만 한다. 물론 유형화된 해답은 없다.

아이는 매일 어른과 동행하며 자율성을 익히고, 어른 또한 주어진 상황에 대해 어떤 정보도 지니지 않은 상태에서 함께 어려움을 극복하고 기쁨을 나눈다. 이러한 일상적 나눔을 통해 아이는 동행자를 직업적인 이유로 일을 수행하러 온 사람이 아닌 함께 여정을 견뎌내는 친밀한 존재로 인식하게 된다. 또한 아이는 외국에서 팀으로 장거리 걷기를 수행하는 상황이 주는 필연적인 긴장과 연대감, 만남과 행복의 순간을 경험하며 (재)사회화되기도 한다.

걷기 전과 걷는 동안, 그리고 걷기 후에 제시되는 모든 행동은 아이에게 자율성을 부여하는 것을 목적으로 한다. 걸을 때는 엄청난 에너지를 동원하고 또 조절해야 한다. 하루에 다섯 내지 여섯 시간 동안 적절한 속도로 한 시간에 4~5킬로미터씩 걸으면서, 아이는 아침부터 오후까지 걷는 시간을 합리적으로 관리하는 법을 배운다. 예를 들면 여름에 걸을 때는 무더운 시간대를 피하고, 겨울에 걸을 때는 낮 시간을 잘 활용하거나, 아침에 일찍 일어나는 것 등이다.

아이는 자기 물건에 책임을 지며, 그 목록과 상태에 대해 정기적으로 점검한다. 걷기 팀은 지급된 예산을 공동으로 관리하며, 가계부를 쓴다. 그들은 함께 장을 보고 식사를 준비한다. 날씨가 좋지 않은 경우에는 호텔에서 묵는 것도 가능하나 이처럼 예상 밖의 지출이 생기면 하루 예산을 다시 조절해야 한다.

텐트를 펴고 접기, 물건들을 배낭에 넣기, 식사 재료들을 사고 준비하기, 청결한 몸을 유지하기, 속옷 세탁 등은 꼭 해야만 하는 일들이다. 텐트를 쳐야 잠을 자고, 신발을 씻어야 물집이 잡히는 걸 피할 수 있고, 물을 마셔야 상처를 예방할 수 있다. 이러한 반복적 행동과 태도를 통해, 아이는 인생을 조직적으로 사는 법을 배운다.

캠핑 또는 숙소에서 보내는 저녁 시간은 아이를 사회화하는 데 기여한다. 식사는 매일 공동으로 준비해 먹어야 한다고 규칙에 명시되어 있다. 캠핑을 할 경우, 두 개의 텐트는 입구가 서로 마주 보도록 설치해야 한다. 주간 보고서, 걷기 책임자와의 정기적 연락, 지원 및 평가 그룹과의 만남 등을 통해 걷기 중 일어난 모든 사고 또는 위반 행위 등이 다뤄지고 조치가 취해진다. 걷기와 관련된 모든 사람은 걷기의 진행 상황과 잠재적인 사고들에 대해 통보를 받는다. 이러한 투명성은 아이로 하여금 자신의 행동을 더 잘 조절하게끔 해준다.

걷는 동안 아이에게는 카메라가 지급되고, 그는 이것을 통해 보는 연습을 한다. 돌아간 후에는 추억을 담은 사진첩을 만들 수 있다. 또한 출발할 때 그에게 여행 수첩을 주고, 걷는 동안 기록하도록 권유하기도 한다. 다른 몇 가지 요소들도 젊은 보행자의 정신을 열어줄 수 있을 것이다. 아이는 전 세계에서 온 수많은 사람들과 만나며 자신의 세계를 확장하게 된다. 쉬는 날에는 일정에 문제가 되지 않는 한, 관광지를 방문할 수 있다.

적절한 거리 두기

쇠이유가 제안하는 '단절'은 아이가 이제까지 살아온 일상적 환경으로부터 거리를 두는 것이다. 이러한 거리 두기는 새로운 사고를 자극한다. 즉 '행동' 대신에 '생각'을 하게 하는 것이다. 낯선 상황과 직면하게 된 아이는 자신의 자원을 모두 끌어내서 새로운 기준을 만들게 될 것이다. 그동안 아이에게 상처만 남긴 불안정한 가정 환경, 폭력, 방치 등의 다양한 단절과 달리 걷기는 생산적인 단절의 시간이다.

일상에서 떨어져 다른 문화와 마주하는 경험은 아이에게 자신의 상태를 돌아보고, 새로운 계획을 그려보는 기회가 된다. 이 점에서 외국에서 걷는 상호 문화적 차원은 매우 중요하다. 외국이라는 장소성은 도주와 이탈의 가능성도 상당히 줄여준다.

또한 매일 규칙적으로 걷는 일은 아이가 타인과 자기 자신에 대한 믿음을 되찾게 해준다. 또한 멀리 떨어진 외국 땅을 걷는 일은 바로 그 거리 때문에 아이를 혼란스럽게 하면서도, 당장은 만족시킬 수 없는 충동적 욕구들을 지연시킨다. 이러한 상황 속에서 아이는 어쩔 수 없이 욕구 불만을 느끼지만 이내 현실을 받아들이게 된다. 이것이 교육의 본질적이고 생산적인 조건이다.

걷기라는 상황에서 겪는 반복되는 일상, 규칙적인 리듬, 매일 옆에 있는 동료의 존재는 '지속성'을 띠며, 이는 자율성을 기르는 데 필요한 안전과 확신의 기초가 된다. 규칙적인 과정 속에서 육체적, 정신적, 심리적인 체험을 할 수 있다는 것은 아이의 긍정적인 재再-자기애 과정에 중요한 요소이다.

아이들 각각은 동행자 그리고 멀리 떨어져 있긴 하지만 늘 지원하는 쇠이유 본부의 응원에 힘입어 자기 자신과 직면하며, 스스로의 능력을 발견하게 된다. 이러한 본질적 단계를 완수함으로써, 아이는 그전까지는 건널 엄두도 내지 못했던 사회의 '문턱'을 넘게 될 것이다.

성공의 가능성에
도전하기

| 카트린 쉴탄Catherine Sultan * |

아동 담당 판사에 의해 소환되었을 때, 아이들은 두려운 마음으로 첫 만남에 임했다. 동행한 부모 또한 혼란스러워했다. 부모는 반대, 도주, 거부 또는 도발 등의 단어들로 아이를 묘사했다. 부모

* 아동 담당 판사이자 크레테유 아동 법원 재판장. 청소년·가정 재판관 국가 기관장으로 활동 중이다.

가 다른 어려움을 겪고 있을 경우, 아이가 처한 상황의 심각성과 문제점들을 인식하지 못할 수도 있다. 부모의 방관하는 태도가 아이의 혼란을 악화하거나 유발하는 경우도 있다.

하지만 비행 청소년으로 알려져 있거나 범죄자로 통하기도 하는 문제의 아이들이 이 공식적인 만남을 빛내고 있었다. 그들은 유보적이고 폐쇄적인 모습을 보였지만 한편으로 이 만남을 기대하고 있었다.

곤경에 빠진 청소년들

도주, 침묵, 공격성, 고통과 위험에 대한 무심함, 고립…… 어떤 식으로든지 간에 그들의 불편함이 드러나고 있었다. 딜란은 절대 자기 얘기를 하지 않았으며, 도발적인 표정을 드러내고 있었다. 분노와 거부의 빛이 역력했다. 그는 자기 무리에서도 위반과 선동을 거듭했다. 누구도 그를 멈출 수 있을 것 같지 않았다. 그는 주위를 다치게 했고 또 스스로를 다치게 했다. 이것이 열네 살의 딜란이 자기 자신에 대해 보여줄 수 있는 모든 것이었다.

가족은 혹사당하고 배반당한 아이의 과거에 침묵을 지키려 했으며, 딜란 또한 이를 고집하고 있었다. 그는 어떤 욕망이나 계획도 표현하지 않았다. 그의 모든 에너지가 생각을 거부하고 세상과 거리를 두는 쪽으로 집중되어 있는 듯했다. 그는 아동 담당 판사들에게 자신에 대해 아무 말도 하지 않았지만, 법정 출두 명령이 떨어질 때마다 항상 응했다. 그러나 딜란은 메아리처럼 법적인 대답만 반복할 뿐이었다.

소니아는 엄마와 단둘이서만 살아왔다. 그들의 관계는 매우 긴밀했지만, 이제는 아이의 태도 때문에 문제를 겪고 있다. 그녀는 학교를 몇 주 동안이나 빼먹고 도주했으며, 그녀가 남긴 어수선한 흔적들 덕에 겨우 아이를 찾아낼 수 있었다.

스티브는 자기 방에서 더 이상 나오지 않는다. 낮에는 자고, 밤에는 대마초에 취한 채로 가상의 세계를 돌아다닌다. 그는 자신의 두려움을 감추기 위해 선택의 자유를 행사하는 것일 뿐이라고 소리 높여 주장한다.

사라는 모든 금기를 뛰어넘었으며 스스로를 보호하지 않는다. 매춘과 마약의 위험에 대해 언급하면 그녀는 격하게 반발한다. 자신의 삶을 부정하며, 주위에서 손을 내밀면 폭력으로 응수한다.

이 아이들은 자기들이 아무 가치도 없으며 관심받을, 특히 '사랑받을' 자격이 없다는 걸 주위 사람들에게 증명이라도 하려는 듯 온갖 비행을 실행에 옮긴다. 그들은 어떠한 방어물도 자신의 추락을 막을 수 없다는 걸 보여주기 위해 모든 사람을 도발한다.

혈기 왕성하고 매력적인 진짜 모습을 숨긴 열세 살에서 열일곱 살의 아이들은 고통스럽고 이해받지 못하는 이야기들과 맞서고 있다. 빈곤하고 불안정한 일상에 직면해 있건 벗어나 있건 간에, 어른들은 이 아이들 주변에서 그저 당황하거나 심지어 부재한 것처럼 보인다.

아동 담당 판사의 탄생

1945년에 입법부는 아동 범죄에 대한 새로운 헌장을 발표했는데, 동기를 밝히는 부분에서부터 이 법의 포부가 분명하게 드러난다.

> "아이들을 보호하는 것보다 더 중요한 문제는 거의 없다. 특히 어린 시절에 법의 심판을 받는 아이들에 관한 것은 더욱 그렇다. 그 아이들을 건전한 방향으로 이끌 수 있는 모든 대책을 소홀히 해도 될 만큼, 프랑스는 아이들이 많은 나라가 아니다."

이러한 관점에서, 1945년 2월 법령에 따라 보통법과는 차별화된 독창적인 절차가 생겨나게 되었다. 아동 담당 판사의 탄생이 핵심이다. 새로운 절차는 '교화'를 추구했다.

특별 사법관인 아동 담당 판사는 아이의 인성에 관심을 갖고, 그를 일정 기간 동안 관찰하는 임무를 지닌다. 외견상 공정해 보이는 갈등 조정관은 아이의 미래 계획 구상에 참여한 아동 담당 판사로 대체되었다. 유연한 절차가 적용되었고, 법적 판결은 대체로 비공식적인 테두리 안에서 이루어졌다. 아동 담당 판사의 집무실에서는 아이의 개인적 일상과 경험을 고려하여 법이 적용되었다.

이 절차는 우선 아동 담당 판사가 주도권을 쥐고 관찰 또는 평가를 통해 아이의 인성과 개인적 상황을 파악하는 것으로 시작된다. 그 후 유연한 사법적 틀을 기반으로 하는 교육기관에서 아이들 각각에게 맞는 방식으로 아이를 보살핀다. 미성년자 사법 보호 감찰기관 역시 1945년 법령의 사명에 걸맞은 지원기관으로 곤경에 처한 아이들을 보호하기 위해 함께 노력한다.

이러한 독창적인 법적 구성은 어린 시절의 중요성에 대해 심사숙고한 결과이며, 10대가 사회에서 차지하는 위치를 규정해 준다. 청소년은 자신의 행동에 책임져야 하지만, 법정 진술에서 그의 미성숙이 고려되며, 사회는 아이에 대한 책임을 결코 외면하지 않는다.

아이에게는 어른과 차별되는 권리가 있으며, 사법적으로 동일하게 다뤄질 수 없다. 아이는 어른과 본질적으로 다르기 때문이다. 인격이 형성되는 과정에서 저지른 범죄는 어른이 저지른 것과 같은 의미를 지닐 수 없으며, 그러므로 다른 조치가 필요하다.

아이를 둘러싼 사회와 청소년 범죄의 양상이 급속히 변화하는 중에도, 아이의 미성숙과 환경에 대한 의존성은 여전히 동일하다. 그렇기 때문에 범죄 행위에 대응하고 재발을 방지하기 위해서는 우선 범죄를 저지른 아이에게 관심을 가져야 하고, 혼란의 요인들을 파악해야 한다.

미성년자 사법 조치의 변화에 따라 1958년에는 아동 담당 판사가 위험에 빠진 아이들을 보호하는 임무를 맡게 되었다. 아이가 신체적, 정신적 위험에 처했을 때 또는 친권자가 더 이상 아이의 안전을 보장하지 못할 때, 아동 담당 판사는 사법적으로 개입할 수 있다. 아동 담당 판사에게 예방, 보호, 처벌을 포함하는 다각적인 임무와 권한을 부여함으로써 문제 해결을 돕는 것이다.

아동 법정에서 이뤄지는 첫 번째 접견에서부터 아이와 부모는 사회가 사법부에 부여한 역할과 기능에 대한 설명을 듣는다. 그리고 이때, 아이는 자신의 판사에게 묻는다. "내 인생에서 내가 한 일이 당신하고 무슨 상관이 있나요?" 그러면 판사는 미성년자로서 그의 지위, 권리와 의무 등을 환기해준다. 이러한 보호적 입장은 선택 사항이 아니다. 오늘날에도 사회 조약에는 "사회는 어린 구성원들에 대한 의무를 지닌다"는 내용이 분명히 명시되어 있다. 사법부는 위반과 추락 또는 방치를 막아주는 성벽과 같다.

아동 담당 판사는 이러한 공통의 약속을 완수하도록 이끌어주는 '안내인'이다. 열정이 필요한 일이지만 겸허한 자세와 현실을 직시하는 태도를 잃어서는 안 된다. 많은 경우 기적적인 해결책이나 눈에 띄는 확실한 결과는 존재하지 않기 때문이다. 아이와의 만남은 결실을 맺을 수도 있고, 반대의 결과가 나올 수도 있다. 그러나 어떠한 경우에도 포기에 이르지는 않아야 한다. 대화가 진행되면, 아동 담당 판사의 위치와 아이의 태도가 서서히 규정된다.

이것이 바로 디안느가 아동 담당 판사를 마주하고 알게 된 것이다. 법정에 소환된 이 소녀는 경계심과 체념이 엇갈린 상태로 자기를 위해 누구도 아무것도 해줄 수 없다는 말을 반복했다. 하지만 아동 담당 판사가 교육적 도움을 받아들이라는 결정을 내렸을 때, 그녀는 전폭적으로 동의했다. 그녀는 여전히 반발심을 지니고 있었지만, 이 만남의 의미를 이해하고 있었다. 또한 디안느는 사법관이 법적으로 개입하려는 것도 알고 있었다. 계속되는 방황과 고립으로 인해 스스로가 위험에 처해 있었기 때문이다.

아동 담당 판사는 아이의 개별 상황을 고려해 법적 명령을 내린다. 아이는 모두에게 적용되는 공통의 규칙을 벗어날 수는 없지만, 판사의 감독하에 자신의 관점을 내세울 수 있다. 아이의 이야기를 듣고 나서, 판사는 자신의 결정에 대해 설명하고 그 근거를 댄다. 이 결정은 공소 절차를 통해 청원의 대상이 될 수 있다.

특별한 경우를 제외하고는, 판사는 아이와 친밀한 관계를 맺지 않는다. 이러한 거리는 신뢰를 바탕으로 하는 관계 형성에 아무런 방해가 되지 않는다. 지나치게 가까운 주위 사람들이 더 이상 버티지 못하고 일상적인 절망들에 굴복할 때, 판사가 방향을 유지할 수 있다.

가브리엘은 그를 위해 지정된 교육관과의 만남을 2년 동안이나 거부했다. 그러나 교육관의 집요한 노력이 끝내 결실을 맺었다. 그는 결국 아이의 아버지가 겪은 끔찍한 사건 이후 단절된 가족사의 문제점들을 이해하게 된 것이다. 그리고 긴 시간이 지난 후, 가브리엘은 자신을 가두고 있었던 고립으로부터 벗어나 미래를 설계하기 위해 교육관이 제시한 도움을 마침내 받아들였다.

쇠이유와 함께 걷기

새로운 법이 하나의 지평을 열었으며 방향을 제시하게 되었다.

쉬이유의 걷기는 법의 지원하에 아이들의 앞날에 투자하고자 하는 의지를 보여준다. 사실 사법적 조치를 따르는 아이들의 행보는 기복이 심한 모습을 자주 보인다. 그래서 걷기 중 그리고 이후에도 아동 담당 판사는 아이와 가족, 교육관들과 다시 면담한다. 때로는 조치를 중단하거나 수정하지만, 방향은 유지한다. 실패가 거듭된다면 새로운 국면을 마련해야 한다. 그리고 가끔은 과감하게 다른 길로 가야 한다.

엔조는 홀어머니 곁에서 자라나, 심리적으로 상처 받기 쉬운 성격에 알코올 중독까지 겪게 되었다. 교육을 제대로 받지 못해서 어린 나이부터 아동 교육 센터를 다녔다. 열다섯 살 때, 이 소년은 수용시설에서 반항했다. 그는 정신적으로 퇴행하여 기관의 규칙들을 어기고 어머니가 있는 집으로 되돌아갔다.

도주 이후 엔조는 만족감을 느꼈다. 하지만 모자 간의 재회는 실망으로 이어졌다. 그는 너무나 큰 자유를 남용한 끝에 균형을 잃어버렸다. 엔조는 기관에서 하는 말들과 가족 관계의 한계를 잘 알고 있었으나, 그것들로부터 이성적인 결과를 이끌어내기에는 너무나 어렸다.

이제 열여섯 살이 된 엔조는 자기가 하는 행동들이 얼마나 위험한지 인식하고 있지만 멈출 수가 없다. 그는 보호소와 기숙사 또는 보호 가족 같은 제안을 거부했다. 아동 담당 판사는 그의 나약함과 더불어 그의 내면에 잠재된 능력 또한 알고 있었다. 그리고 도전이 시작되었다. 엔조는 걷기를 완주했다. 그리고 세 달후, 그는 자신의 출발점 앞에 똑바로 설 수 있었다.

로뮈알드는 비행 청소년이다. 그는 생각하기 전에 행동부터 한다. 중병을 앓고 있는 어머니를 제외하고는, 다른 사람의 고통에 대해 아무 느낌도 없다. 그토록 사랑하는 어머니가 병들어 있다는 사실만이 그를 온통 사로잡았다. 그가 새로운 범죄를 저지를 때마다, 결별한 부모가 법정에 와 그의 곁에 있었다. 교육적 조치와 감금, 그리고 감시가 연달아 계속되었다. 로뮈알드는 그에게 주어진 구속을 받아들였으며, 여러 약속들을 했다. 그러나 그는 약속을 지키지 않았고, 다시 약해졌다.

열여섯 살인 그에게 금고형禁錮刑이 내려졌다. 로뮈알드는 이 막다른 골목에 이르러 혼란스러워했다. 구류拘留 생활은 고통스러웠으며, 그는 '그런다고 바뀌는 건 없을 것'이라고 생각했다. 감금 조치는 그를 변화시키지 못했다.

로뮈알드는 형벌 조정의 방법인 걷기를 받아들였다. 이제 그는 부모의 응원을 받으며, 동행자와 함께 1,800킬로미터에 이르는 길을 걸으러 떠날 것이다. 로뮈알드의 표현에 따르면, 그 길은 '집으로 데려다주는 길'이다. 그는 자기가 좋은 사람이라는 걸 부모에게 증명하고 싶어 한다. 로뮈알드는 최선을 다할 것이다.

그 길은 쉽지 않겠지만, 여전히 열려 있다.

엔조와 로뮈알드의 모험은 청소년들이 결정적인 상처 없이 삶의 요동치는 시기를 넘어갈 수 있도록, 그리고 그들 스스로의 능력으로 어긋나버린 여정을 바꿀 수 있도록 이끌어주려는 쇠이유의 의지를 잘 보여준다. 물론 쇠이유의 활동은 미성년자를 대상으로 하는 사법부의 행보와 맥락을 같이한다. 아동 담당 판사의 경우와 마찬가지로, 여기서도 사람들 사이의 만남과 시간이 지렛대 역할을 한다.

하지만 지난 10년 동안 미성년자들에 대한 법률은 수많은 수정이 가해진 끝에, 거꾸로 된 방향으로 가고 있다. 청소년들에게 내려지는 사법적 조치들은 성인들에게 적용되는 내용과 크게 다르지 않으며, 즉각적인 판결이 교육을 대체하고 있다. 개별 사안에 대한 고려보다 일반적인 판단이 우위를 차지한다. 게다가 아동 담당 판사의 특수성이 점차 사라지고 있다. 결국엔 자기가 담당하는 아이를 알지도 못하는 사법관이 그 자리를 대신할 것이다.

올바른 방향을 잃지 않고 시대의 요구에 응하기란 쉽지 않다. 그러나 '확실해 보이는 실패' 때문에 '성공의 가능성'을 포기한다는 게 얼마나 유감스러운 일인지를 알기에, 쇠이유는 도전한다. 이제 이 사회도 다시 달라질 때가 되었다.

닫는 글

| 피에르 족스Pierre Joxe® |

오랫동안 유럽 국가들 사이에서 본보기로 여겨졌던 프랑스의 미
성년자 사법제도가 슬프게도 역주행 중이다. 정확히 말하자면
프랑스는 이제 미국의 제도를 채택하고 있다. 이 제도는 이미 한
세대 전부터 법정에서 미성년자와 성인에 차이를 두지 않으며,
심지어 미성년자를 성인과 함께 심판하고 수감하는 경향을 보이
고 있다.

프랑스는 전쟁이 아직 끝나지 않았던 시기에 드골de Gaulle이 서명한 1945년 2월 법령을 통해 대부분의 민주국가에서 시행되고 있는 제도를 참조하여, 20세기 초부터 구상해온 아동 사법제도를 보완했다.

역사적으로 살펴보면 아동 사건을 판결할 때는 상대적으로 덜 엄격한 규정과 보다 유연한 절차를 적용했으며, 형량에 한계를 두었다. 1912년의 프랑스 법과 1945년의 드골 법령은, 레지스탕스 전국회의Conseil national de la résistance 프로그램의 근간이 되었던 이념에 따라 국민 유대와 교육과 보호를 결합한 특별한 미성년자 사법제도를 창조했다. 이 제도의 특징은 다음과 같이 요약할 수 있다.

- 혼자 또는 두 명의 보좌관을 두고 아동 법정을 주관하는 아동 판사는 미성년자 사법제도에서 가장 주목할 만한 특징이다
- 판사는 어떤 결정을 내리기 전에 아이의 과거와 환경에 대해 직접 조사를 하거나, 교육자 그리고 필요하다면 심리학자들에

● 파리 미성년부部 변호사이자 회계 검사원 명예 원장. 헌법재판소 회원으로 활동했으며, 장관을 지냈다. 2012년에 출간한 책 『청소년 범죄와 미성년자 사법제도』를 통해 도시 외곽에서 진행된 청소년 추방 정책과 1945년 법령 훼손에 대해 강력히 비판했다.

게 조사하도록 해야 한다

- 수감은 극단적 경우에만 해당되어야 하며, 시행하더라도 최소화하는 것을 원칙으로 삼는다
- 미성년자 사법제도의 목적은 교육적이고 구호적인 대책들을 찾는 것이다. 아이 또는 청소년의 위반 행위가 그 나이 때 저지를 수 있는 특징적인 것이라고 판단되는 경우, 그를 다시 올바른 길로 인도하기 위함이다
- 이 제도는 다양한 교육적 후속 조치와 연결된다. 유럽의 여러 나라들이 이러한 방향을 기초로 한 제도를 발전시켜왔거나 폐기해왔다

특별 사법관 입장에서, 미성년자 사법제도를 제대로 운영하기 위해서는 다른 전문가들의 협력이 필요하다. 프랑스에서는 미성년자 사법 보호 감찰기관의 전문 교육관들이 중요한 축을 형성하고 있다. 이 교육관들은 전문 교육을 받은 후 미성년자 사법제도의 발전에 아주 중대한 역할을 했다.

교육적 목적을 지닌 이 사법제도는 지난 세기 내내 영역을 넓혀왔지만, 얼마 전부터 유럽의 여러 나라들에서 문제시되고 있다. 이러한 움직임은 복지국가가 당면한 위기와 신자유주의적인 조류와 무관하지 않다. 신자유주의는 아이들의 교육보다는 개인

과 재산의 안전에 더 큰 관심을 보이며 '관용 제로'의 태도를 견지한다. 이런 상황에서 유럽의 많은 국가들은 퇴행적 방향으로 정책을 옮겨 가고 있다. 니콜라 사르코지가 내무부 장관에서 대통령이 된 이후, 유감스럽게도 프랑스의 미성년자 사법제도는 유럽의 다른 민주국가들보다 더 자주 그리고 더 큰 폭으로 퇴행하고 있다.

미성년자 범죄가 지극히 오래전부터 있어왔고 거의 증가하고 있지 않다는 것을 누구나 분명히 알고 있지만, 정치 담론은 이를 심각하고 비장하게 묘사했으며, 언론 또한 몇몇 사건들을 극적으로 연출해냈다. 그 결과 프랑스에서는 다른 어떤 나라보다도 퇴행적인 변화를 지지하는 여론이 강력하게 형성되었다. 현재 비난의 화살이 아동 판사와 아동 법정이라는 특별한 기관에 쏟아지고 있는 상황이다. 반대의 표적으로 삼는다는 말이 더 정확할 것이다.

이러한 움직임은 판사가 교육적 조치 또는 처벌을 선고하기 전, 아이와 청소년 각자가 처한 특별한 상황을 파악하기 위해 철저한 조사를 진행하는 '특별 절차'를 문제 삼고 있다. 특별 절차가 점점 약화되고 있는데도 말이다. 소환 기간을 단축하거나 처벌에 대해 범죄자와 이미 협상 또는 동의를 얻어낸 후 마지막 단계에만 판사가 참여할 수 있도록 검찰이 절차를 진행하여, 판사의 역할은 줄어들었고 교육·심리 전문가들의 참여 또한 제한되었다.

이와 같은 변화는 엄격하고 폐쇄적인 구금 시설들을 확대하는 것과도 맞닿아 있다. 결과적으로 투옥되는 아이들이 늘어나게 될 것이다. 영국에서 두드러지게 나타나는 이러한 변화를 프랑스 쪽으로 확대해서는 안 된다. 이 같은 역행적 흐름의 파급력은 실로 대단해서, 유럽 의회까지도 아동과 미성년자 구금이 상당히 증가한 것에 대해 동요한 바 있다.

구금이 늘어나는 경향이 프랑스에서 더욱 뚜렷해질 것이라는 사실을 명확히 인식해야 한다. 사르코지 대통령이 교도소에 수용 가능한 인원을 6만 명에서 9만 명으로 50퍼센트 증가시킬 것이라고 발표했기 때문이다. 이 소식은 어쩌면 일부 여론을 안심시킬 수 있을 것이다. 그러나 최소한 청소년들에게 감옥이란 오히려 죄를 유발하는 위험을 지니고 있음을 깨어 있는 지성들은 알고 있다.

우리는 지금, 청소년의 책임에 대한 분석과 아이들이 지닌 위험 요소들에 대한 사전 탐지가 전도된 현상을 눈앞에 두고 있다. 아이가 매우 열악한 환경에 놓일 경우, 세 살 때부터 탈선의 위험에 노출된다는 예측까지 나오고 있다. 이러한 분석은 민주적 관점에서 걱정스러울 뿐 아니라 철학적으로도 왜곡되어 있다. 여기에는 아이가 교육과는 관계없이 어떤 운명에 따라 이미 결정지어진다는 것, 그리고 이러한 아이들과 청소년들이 내재하는 '사회적 위험'으로부터 사회가 보호받아야 한다는 생각이 깔려 있다. 이 생각은 감금의 정치를 다시 복원하려는 것과 일맥상통한다.

영국과 미국의 사례에서 보듯, 미성년자와 관련된 사법제도는 아이의 특정 순간을 사진 찍듯 포착해 처벌을 피할 수 없게 만드는 방향으로 움직이고 있다. 하지만 미성년자와 관련된 특별 형법은 아이의 형성 과정 전체에 대한 고려를 기반으로 해야 한다. 일단 아이의 과거와 환경 등을 규명하게 되면, 그의 인성적 요인을 감안하여 아이에게 더 좋은 미래를 제시할 수 있다.

우리는 현재의 역행적 경향에 대해 우려를 표명해야 하며, 그렇기 때문에 쇠이유가 거둔 다양한 경험과 성공을 함께 응원해야 하는 것이다.

쇠이유의
걷기 프로젝트*

쇠이유는 여행에 대한 니콜라 부비에Nicolas Bouvier의 다음과 같은 정의를 채택했다. "여행은 동기를 필요로 하지 않는다. 그 자체로 충분하다는 것을 곧 증명하기 때문이다. 우리는 우리가 여행을 한다고 생각하지만, 얼마 지나지 않아서 여행이 당신을 만들거나 해체한다."

여행, 특히 걷기가 청소년의 인격 형성에 근본적이고 지속적인 변화를 이끌어낸다는 사실은 경험을 통해 충분히 증명되었다. 하지만 여기에는 두 가지 조건이 있다. 아이가 자신의 일상 세계를 벗어나서 걸어야 한다는 것, 그리고 자신의 힘을 느껴야 한다는 것이다.

언어도 통하지 않는 외국에서 2,000킬로미터에 가까운 거리를 두 발로 걷는 일은 누구에게도 쉽지 않다. 그러나 길 끝에 도달한 여행자는 육체적으로나 정신적으로나 더 건강하고, 더 성숙하고, 더 사회적인 사람이 된다.

어떤 아이들은 청소년기에 막다른 골목에 놓이게 된다. 이때 기존 환경으로부터의 단절은 대안이 될 수 있다. 담당 교육관이 쇠이유에 대해 말해주면, 아이들은 이런 제안에 놀라기도 하고, 걱정하기도 하며, 호기심을 느끼기도 한다. 쇠이유 사람들과 만난 후 걷기를 선택한 아이들은 이제 매일 자기 자신과 직면하게 될 것이다.

쇠이유가 제안하는 활동은 성인 동행자와 함께하는 걷기이다. 이 과정은 걷기 전 준비 기간과 걷기 후 연수 기간을 포함해서 약 105일 정도 걸린다. 쇠이유는 이 걷기 계획을 실행에 옮기기 위해 다양한 이들을 단체의 회원으로 모집했다.

* 이 내용은 쇠이유 설립 프로젝트에 명시되어 있다.

쇠이유가 탄생하기까지 일종의 '큰 형님' 격인 플랑드르 기반의 단체 오이코텐의 도움을 많이 받았다. 이 단체는 어려움을 겪고 있는 아이들을 걷게 만드는 방법을 지난 30년간 꾸준히 발전시켜왔다. 이로부터 도출된 결과들이 이 제안의 타당성을 입증해주고 있으며, 현재 오이코텐은 벨기에의 감독기관들 사이에서 인정받고 있다.

신청부터 복귀까지

쇠이유는 행정적 또는 사법적 결정에 따라 어려움에 빠진 아이들을 감독하거나 수용하는 모든 교육 부서와 시설에, 단체를 소개하는 자료를 우편이나 메일을 통해 정기적으로 보낸다. 단체 홈페이지와 입소문 또한 쇠이유가 지금처럼 알려지고 인정받는 데 큰 기여를 했다.

걷기 신청은 미성년자 사법 보호 감찰기관이나 아동 상담소의 교육관들, 때로는 판사의 협조로 이루어진다. 지원자들은 열다섯 살에서 열여덟 살 정도의 미성년자들이다. 이들은 가정과 학교, 사회에서 실패를 겪고 막다른 골목으로 몰려 범죄 행위를 저지르거나 수감된 전력이 있다. 이들은 몇 차례나 이런저런 기관들로 옮겨 다니느라 어른과 제대로 된 관계를 맺을 수 없었고, 맺는 방법도 알지 못했다. 수동적으로 살아온 아이들에게 쇠이유의 걷기에 참여하는 것은 스스로 선택한 첫 번째 행동이라 할 수 있다. 걷기는 '물 흐르듯' 자연스럽게 진행된다. 아이들의 신청이 받아들여지면, 그들은 성인 동행자와 함께 바로 출발한다.

첫 번째 단계. 체계적인 면접

담당 교육관은 아이의 상황에 대한 의견서를 보내며 신청 사유를 밝힌다. 쇠이유는 걷기 프로젝트를 전체적으로 소개하기 위해 대표와 함께하는 첫 면접을 제안한다. 면접에는 교육관도 동석한다. 이 면접 후, 아이가 걷기에 참여하길 희망하면 그는 쇠이유에 지원서와 동기서를 보낸다. 이어 다른 면접이 진행되는데, 하나는 걷기가 끝날 때까지 아이를 감독할 쇠이유 심리학자와의 만남이고 다른 하나는 교육 팀과의 만남이다. 부모와의 만남도 추진되며, 어떤 경우에는 판사와도 만난다.

이러한 면접들은 쇠이유에게는 아이의 상황을 더 잘 이해하고 그의 재능과 취약점을 가늠하게 해주며, 아이에게는 이 계획을 최대한 현실적으로 파악하게 해준다. 이때 걷기에 대한 모든 정보와 절차, 규칙이 다시 명시되며 모든 면접 내용은 보고서로 작성된다. 쇠이유는 일련의 면접을 통해 아이가 자신이 선택한 도전에 따른 제약들을 제대로 판단하고 있는지, 그리고 걷기를 중단할 수도 있는 사고를 저지르거나 규칙을 위반할 경우 합의된 결정을 받아들일 수 있는지 확인하고자 한다.

아이들은 자신과 관련된 사람을 후원자로 요청할 수 있는데 단, 가족은 후원자가 될 수 없다. 이 후원자는 아이가 믿는 사람이며, 심각한 위기가 닥쳤을 때도 아이와 대화할 수 있어야 한다. 그리고 걷기 이후에도 아이를 정신적으로 지지해줄 수 있는 사람이어야 한다.

이 단계에서는 신분증, 해외여행 허가증, 가족 동의서, 유럽 건강보험 카드, 건강 진단서와 같은 행정적 서류를 준비하고 대략적인 경비를 파악한다. 걷기 계획은 아이의 상황에 맞추어 조정되며, 동행자의 성별을 선택할 수 있다.

두 번째 단계. 준비 훈련

준비 훈련은 행정 또는 사법 당국에 의해 걷기를 승인받고 재정에 대한 동의가 이루어진 후 바로 시작된다. 이 훈련은 아이가 최상의 조건에서 여정을 시작해서 성공 확률을 높일 수 있도록 신체적이고 정신적인 준비를 하는 데 도움을 주는 것을 목적으로 한다. 그리고 아이는 이 기간에 동행자와 걷기 책임자를 만난다.

연속적인 신체 활동에 아이가 적응할 수 있도록, 조금씩 난도를 올려가며 매일 걷는 연습이 진행된다. 텐트를 치고, 배낭을 꾸리고, 자기 물건을 정리하면서, 아이는 자신에게 주어진 장비에 익숙해진다. 이때 일정에 따라 걷기가 어떤 식으로 전개될지, 어떤 규칙들을 지켜야 하며 아이와 동행자, 걷기 책임자가 각자 해야 할 하루 동안의 역할은 무엇인지에 대해 언급한다.

또한 이 준비 기간 중에 만남과 상호 관찰이 이루어진다. 이를 통하여 아이는 걷는 동안 필연적으로 직면하게 될 어려움들을 더 잘 이해할 수 있게 된다. 위기 상황을 최대한 예측하고, 최선의 해결책을 찾기 위해 함께 숙고하는 것이 무엇보다 중요하다.

걷기 책임자가 조직하고 이끄는 준비 기간 동안, 동행자는 밤낮으로 함께 있으며 아이를 안심시킨다. 심리학자는 아이와 다시 만나고, 동행자와도 처음으로 마주한다. 단체의 대표도 팀을 방문하러 온다. 준비 기간은 아이와 함께 걷기의 목표를 확인하고, 필요하다면 더 구체화하는 기간이다. 목표는 할당된 개인 서류 안에 공증되며, 담당 교육관과 가족이 함께 검토한다.

출발 도시로 떠나기 전에 가족, 친구, 교육관, 판사, 쇠이유 회원들이 파티를 열어 긴 모험을 떠나는 두 여행자를 격려해준다.

세 번째 단계. 세 달 동안의 걷기

아이와 동행자는 기차 또는 비행기 중 적절한 교통수단을 이용해 독일, 스페인 또는 이탈리아에 위치한 출발 도시로 간다. 이제 약 100일 간의 걷기 모험이 시작되는 것이다.

걷기는 준비 기간 동안 아이와 함께 상의한 상세한 여정에 따라 진행된다. 이 걷기 일정은 교육관과 가족을 비롯한 모든 관계자에게도 통보된다. 매일 평균적으로 20~25킬로미터씩 이동하며, 걷기 팀은 규칙적으로 휴식을 취한다. 아이와 동행자는 같은 조건 속에서 함께 걷는다. 그들은 서로 비슷한 장비와 같은 액수의 하루 예산을 지급받는다. 아이는 자유롭게 사용할 수 있는 용돈으로 매일 3유로를 받는다. 그들은 캠핑을 하거나 숙소 또는 유스호스텔에서 잠을 자고, 직접 식사를 준비한다. 기상 상황과 지리적 여건이 허락한다면, 걷기는 프랑스 국경 방향으로 진행된다. 이를 통해 아이는 자신이 한 걸음 걸을 때마다 목표에 다가간다고 확신할 수 있을 것이다.

아이는 걷기 중 네 가지 규칙을 엄수해야 한다.

- 휴대폰 사용과 녹음된 음악을 듣는 것은 금지된다

  다만, 플루트, 하모니카, 기타 등의 악기 연주는 허용된다
- 금지된 물질이나 술 등을 먹거나 마실 수 없다
- 기계로 움직이는 이동 수단은 탈 수 없다
- 각 지역의 법을 준수한다

일반적으로 아이는 찾아가는 나라의 언어를 알지 못한다. 이러한 상황은 자신이 살아온 환경과 일상적 리듬으로부터의 단절을 더욱 강화한다. 당연히 그는 새로운 언어를 배우고 싶은 강한 욕구를 느끼게 될 것이고, 이는 아이의 자립심을 길러줄 것이다.

걷는 동안 가족과 연결된 끈이 끊어지는 것은 아니다. 아이는 가족과 우편을 주고받을 수 있다. 게다가 걷기 책임자가 걷기의 균형을 잘 유지하는 데 필요하다고 판단하는 예외적 경우에 아이는 가족과 통화할 수 있다.

걷기 책임자는 동행자가 소지한 휴대폰을 이용해 걷기 팀과 꾸준히 연락한다. 그는 대표와 심리학자, 담당 교육관, 그리고 사전에 정해진 사람이 있다면 후원자에게 현장 상황을 정기적으로 알린다. 또한 담당 교육관과 가족, 판사, 아동 상담소 조사원은 걷기 진행 상황과 그 과정에서 일어난 사건, 그리고 후속 조치들에 대해 동행자와 아이가 작성한 주간 보고서를 받아 본다. 지원 그

룹이 걷기 팀을 방문할 때마다 이 보고서를 가져온다. 최종 보고
서 또한 마찬가지다.

걷기 팀은 자율성을 지닌다. 하지만 어려운 일들이 생길 경
우, 걷기 책임자가 몇 시간 동안 개입할 수 있다. 매일 걷는 데서
오는 단조로움은 다른 도보여행자들과 만나고, 숙소에서 새로운
사람들과 함께 저녁 시간을 보내는 것으로 극복할 수 있다. 이는
일종의 사회화 과정이며, 쇠이유 또한 아이의 사회화를 돕기 위
해 다음과 같은 방법을 마련하고 있다.

- 보조 동행자는 쇠이유가 지정한 성인으로 일주일 동안 걷기팀
  과 모든 일상을 전적으로 공유한다. 보조 동행자는 걷는 동안
  최소 두 번, 대체로 세 번에 걸쳐 파견된다. 이들은 일반적으로
  동행자로 활동한 경험이 있거나 미래에 동행자가 되기도 한다
- 걷기 책임자를 포함하여 심리학자 또는 담당 교육관으로 구성
  된 지원 그룹이 중간 점검을 위해 최소한 한나절 동안 걷기 팀
  과 동행한다. 지원 그룹과의 만남은 걷는 기간 동안 최소 두 번
  이상 이루어진다. 이 세 달 동안, 아이는 2002년 1월 2일의 법
  에 따라 몇 가지 경로를 통해 자신의 권리를 주장할 수 있다
- 아이는 자신의 가족, 담당 교육관, 판사 또는 조사원에게 편지
  를 쓴다

- 아이는 일주일에 한 번 이루어지는 걷기 책임자와의 전화 인
  터뷰를 통해 자신이 겪는 어려움들을 털어놓는다. 걷기 책임
  자는 대표와 의논하여 아이의 요구에 최대한 답해주어야 한다
- 걷기가 시작되고 끝날 때까지, 걷기 책임자는 아이가 돌아온
  후 그의 수용 계획이 진행될 수 있도록 담당 교육관과 긴밀한
  관계를 유지해야 한다. 또한 아이와 동행자에게 계획의 진행
  사항을 규칙적으로 알려준다

네 번째 단계. 걷기 후 연수

걷기 팀은 여행에서 돌아오자마자 연수가 진행되는 프랑스의 숙
소에 합류한다. 연수는 최소 2~3주간 진행되며, 필요하다면 더
연장할 수도 있다. 이 연수는 걷기 책임자가 주도하며, 심리학자
는 마지막으로 아이와 동행자를 만난다. 이는 걷기 프로젝트의
마지막 단계이다. 이 짧은 휴식 기간은 걷기 팀이 배낭을 내려놓
고, 물건들의 상태를 점검하고, 아이가 새로운 환경의 리듬에 적
응할 수 있게 해준다.

무엇보다 이 기간은 아이가 여정을 되돌아보고, 그에게 일
어난 모든 변화를 인식할 수 있게 해주며, 새롭게 도전할 수 있도

록 도와준다. 연수 결과는 걷기 책임자가 작성하는 최종 보고서에 포함되며, 이 보고서는 아이에게도 전달된다. 조언 사항들은 개인 서류에 추가될 수 있다.

만약 수용 계획이 제대로 마무리되지 않았거나 적합한 수용 시설이 완전히 준비되지 않았다면, 연수 기간은 관련 기관들의 요청 또는 합의에 따라 연장될 수 있다. 이때 아이가 걷기에서 돌아온 다음 구체적인 계획 없이 다시 떠나도록 내버려두지 않아야 한다. 그리고 모든 작업은 담당 교육관과 협력하여 이루어진다.

연수가 끝나면, 쇠이유의 걷기 프로젝트는 '귀환 파티'와 더불어 마무리된다. 이 파티에는 걷기를 지켜본 모든 사람이 모여 걷기 팀, 특히 아이가 거둔 성과를 축하해준다.

쇠이유가 제안하는 경험은 아이가 어떤 일에 참여함으로써, 자기 자신의 일부를 되찾을 수 있게 해준다. 걷기를 완주하고 나면, 그는 더 이상 주변인이 아니라 사람들의 감탄을 불러일으키는 한 젊은이가 된다. 쇠이유의 걷기는 참여한 아이들 대부분에게 '마지막 해결책'이 될 수 있는 특별한 대안이다.

쇠이유의 모델,
오이코텐 이야기

| 디미트리 뒤모르티에 Dimitri Dumortier[*] |

쇠이유가 지금까지 건재하리라고 누가 믿었을까? 나는 아직도
베르나르 올리비에와의 첫 전화 통화를 생생히 기억하고 있다.
2000년 여름이었다. 그는 우리의 걷기 프로그램 중 하나인 콤포

---

[*] 벨기에 오이코텐 단체의 회원이자 걷기를 통한 교육 행위의 선
구자이다. 쇠이유 창설에 영감을 준 인물이기도 하다.

스텔라 여정 동안 우리와 함께했으며, 프랑스에서도 같은 형태의 프로젝트를 구상하고 있던 중이었다.

베르나르가 오이코텐의 문을 두드린 것은 당연한 일일 수밖에 없었다. 우리는 여덟 개의 연중 대장정 프로그램을 통해 추방 시스템의 희생자가 될 위험에 처한 청소년들에게 사회적 치유로서의 걷기를 체계적으로 제안하는 유일한 단체였기 때문이다. 오이코텐의 오랜 경험을 높이 사서, 그동안 유사한 단체들이 우리에게 조언과 지지를 수도 없이 요청해왔다. 하지만 지금까지는 매번 명백한 실패로 드러났다.

첫 만남에서 베르나르가 계획을 꼼꼼히 준비해왔다는 걸 확인할 수 있었다. 그는 규정을 검토하고 연구 자료들을 참조해줄 것을 부탁했다. 베르나르는 통역가들을 현장에 배치했으며, 일을 시작하자마자 용감한 자원봉사자들을 모으는 데 성공했다.

그는 첫 번째 걷기 프로젝트를 수행할 동행자들을 선발하는 데 참여해달라고 부탁했다. 간단한 프랑스어 시험을 거친 후, 나는 쉬이유로 파견되었다. 일이라기보다는 작은 사무실에서 쉬이유 회원들의 열정을 느끼기만 하면 되는 환상적인 경험이었다. 오이코텐에 대한 그들의 열정은 숭배에 가까운 것이었기 때문에, 중간중간 냉정을 유지해야 했다.

이후에도 베르나르는 오이코텐과 연락을 유지했다. 도저히 극복할 수 없을 것처럼 보이는 걸림돌을 만나면, 그는 우리에게 전화를 걸었다. 새로운 책임자들이 우리 사무실이 있는 벨기에의 틸동크Tildonk로 파견되었고, 이제 막 선발된 동행자들이 오이코텐의 걷기 프로그램에 일주일간 투입되는 경우도 있었다.

심지어 우리는 프랑스 행정부로부터 초대받기까지 했다! 콤포스텔라를 지날 때 프랑스가 보여준 환대는 거의 환상적이었다. 우리는 이 거대하고 따뜻한 나라에 보답으로 무언가를 제공해야겠다는 생각을 했다.

10년 후, 쇠이유는 활동을 계속하고 있는 것은 물론이고 어느새 오이코텐을 추월했다. 어쩌면 우리는 이제 프랑스로 가서 불을 밝히는 게 더 현명할지도 모르겠다. 엄청난 경험을 누적한 쇠이유로부터 정보를 얻을 수도 있기 때문이다. 그렇지만 프랑스인들은 아직도 충실하게 오이코텐을 참조하고 있다.

그런 맥락에서, 베르나르는 오이코텐이 벨기에 플랑드르에서 무엇을 상징하고 있는 단체인지 독자들이 알 수 있도록 글을 써달라고 공식 요청을 해왔다. 이 글에서는 내가 청소년 담당 판사와 진행한 인터뷰 내용이 여러 번 언급될 것이다. 오이코텐 창립 30주년을 기념하기 위해 우리는 현재 열성적인 자원봉사자들의 도움을 받으며 청소년, 부모, 사법관, 걷기 동행자, 참가자 들과 나눈 인터뷰를 모으고 있는 중이다. 우선 오이코텐의 탄생 배경부터 간단히 살펴보기로 하자.

오이코텐의 시작

현재 오이코텐은 매년 청소년 열여섯 명을 외국으로 세 달 동안
보내는 프로젝트를 실행하고 있다. 고대 그리스어로 'oikoten'은
'자기 스스로의 방법으로'라는 의미로, 직역하자면 '집 밖으로'를
뜻한다. 1982년에 이 단체를 처음 주도했던 이는 소수의 이상주
의자였다. 그들은 아이들이 제대로 규정되지도 않은 구금 제도에
의해 스물한 살까지 갇혀 있는 걸 더 이상 두고 볼 수 없었다. 당
시 아이들을 특별 관리하던 폐쇄적 구금기관들은 일탈 행동을 보
이거나 부모들이 감당하지 못하는 것으로 판명된 아이들이 강제
로 머물러야 하는 기숙 시설 같은 것이었다.

초기 자원봉사자인 폴 시몬스와 뤽 쿠브뢰르, 그리고 레미
반 벡크는 다큐멘터리 〈마지막 기회의 마차〉에서 영감을 받아,
콤포스텔라 순례길을 아이와 함께 걸어줄 수 있는 사람을 찾기
시작했다. 이는 젊은 재소자들이 사막을 가로질러 배달을 하는
내용의 영화 〈비전 퀘스트〉를 다큐멘터리로 만든 것이었다.

강드Gand 교도소의 교도관인 윌리 데르보가 그 임무를 받아

들였다. 그러나 그는 한 명이 아닌 두 명의 아이들과 모험을 하고
자 했다. 메헬렌Mechelen지역의 청소년 담당 판사 얀 피터스가 이
를 허락했다.

모든 것이 지극히 간단해 보였으나, 사실은 무모한 일이었
다. 걷기가 성공해야 이 계획이 지속될 수 있었기에, 윌리는 많은
것들을 눈감아줬다. 당시에 떠돌던 소문에 따르면 그렇다. 하지
만 가장 믿기 힘든 사실은 걷기가 끝난 후 청소년들이 자유를 되
찾은 것에 만족하지 않고, 판사에 의해 분류된 자신들의 서류를
없애버렸다는 것이다. 정직하게 말해야 할 의무가 있는 입장에서
밝히자면, 이런 일은 지금도 드물게 일어나고 있다.

창단 회원들에게 신뢰를 보낸 첫 번째 판사의 이야기를 간
추려보면 다음과 같다.

"나는 오이코텐의 두 사람을 알고 있다. 그들은 아주 진지한
협력자이다. 나는 그들을 신뢰하고, 그들과 함께하면 아주 편안
하다. 나는 콤포스텔라까지 걸어서 간다는 그들의 구상이 훌륭하
다고 생각했다. 내가 아는 한, 그것은 모두가 완전히 손을 놓은 아
이들에게 마지막 기회를 주고자 하는 최초의 계획이었다. 이것은
1983년에 나온 발상이다. 당시로서는 완전히 새로운 것이었다."

네덜란드어 국립 TV가 걷기에 대한 멋진 다큐멘터리를 다시 만들어준 덕에, 여론과 사법부가 우리의 제안을 호의적으로 받아들인 편이었다. 하지만 다른 많은 도전이 우리를 기다리고 있었다.

오이코텐에서 이루어진 가장 주목할 만한 변화는 자원봉사에 기반을 두었던 조직이 유급 직원들을 고용하는 비영리적 목적의 단체로 바뀐 것이다. 1985년 우리와 협정을 맺어준 당국에 감사한다. 이 협정이 비록 불완전한 것이긴 해도, 그것은 우리 작업의 기초를 구성했으며 조직에 힘을 불어넣어주었다. 또한 플랑드르의 모든 판사가 오이코텐에 도움을 요청할 수 있게 해주었으며, 실제로 그런 일이 자주 일어난다. 우리 계획은 다소 실험적인 면이 있었으나, 협정 체결 이후 사법관과 복지기관 그리고 부모들이 단체에 신뢰를 보내기 시작했다.

30년 동안 오이코텐은 사법적 환경과 마찬가지로 많은 변화들을 감당해야 했다. 예를 들어 성년의 나이가 스물한 살에서 열여덟 살로 재조정됨으로써, 오이코텐은 좀 더 저연령의 청소년에 집중하게 되었다.

두 번째 변화는 현재 많은 집단들이 폐쇄기관 안에 머무르고 있는 청소년들을 열린 기관 또는 집으로 다시 데려다주는 쪽으로 급속하게 방향을 잡고 있다는 사실이다. 이러한 변화로 아이들에게는 전에는 상상할 수도 없었던 선택의 자유가 생겼다.

오이코텐은 다른 문들이 모두 닫혀 있을 때에야 비로소 고려되는 경우가 많다. 누구도 기꺼이 받아들이려 하지 않는 아이들이 있기 때문이다. 절망적인 상황에 처한 아이들에게 세 달 동안 걷게 하는 것은 겉보기엔 그리 끔찍한 일로 여겨지지는 않는다.

세 번째 변화는 최근 몇 년 사이 보호기관의 중심이 공급에서 수요로 옮겨가고 있다는 것이다. 문제 청소년들은 이제 우리가 적극적으로 도와야 할 대상이 아니라 그들의 요구를 들어주어야 하는 '고객'이 되었다. 이러한 경향을 오이코텐에서도 반영해야 할 것인지는 섣불리 결정하기 어려운 문제였다. 오이코텐의 힘은 아이들에게 먼저 손을 내미는 데 있기 때문이다.

한 어른이 우리 프로젝트에 발을 디딜 준비가 된 순간부터, 우리는 공급자의 위치에 서게 된다. 걷기를 원하는 아이가 나타날 때까지 동행자를 몇 달 동안 기다리게 할 수는 없다. 우리는 아이를 찾아 나서야 한다. 이것이야말로 오이코텐으로서는 손댈 수 없는 본질적인 지점으로 남아야 한다. 우리가 여러 폐쇄 교육센터에 마지막으로 전화를 걸어 걷기에 참가할 수 있는 빈자리가 남아 있다고 알릴 때, 오이코텐의 활동이 공급에 기반을 두고 있다는 사실이 명백하게 드러난다.

네 번째 변화의 요인은 지난 15년 동안 여러 계획이 발의된 끝에, 환경 변화가 필요하다는 우리의 제안이 여정의 형태로 통합되기에 이르렀다는 사실이다. 그에 따라 보호 가정 체류나 일주일 일정의 걷기와 같은 가벼운 형태의 오이코텐 활동이 실행될 수 있었다.

자신의 과거와 단절하길 바라는 아이, 그리고 자신과 동행자 사이의 개인적 접촉이 훗날 결정적인 관계를 만든다는 것을 깨닫게 된 아이가 점점 더 많아지고 있다. '누군가와 함께 자연 속을 걷는 일'은 컴퓨터에 열광하는 도시의 아이들에게 실로 귀중한 가치를 지닌다.

이 마지막 변화로 인해 오이코텐은 새로운 경향에 적응해야만 했다. 아이들의 자발적인 참여를 기대한다면, 그들의 관심을 계속 유발하고 지속시키기 위해 끊임없이 노력을 기울여야 한다. 예를 들어 네 달에 걸쳐 진행되는 여정은 아이들에게 지나치게 길게 느껴질 수 있다. 우리가 2012년에 세 달 간의 여정을 실험적으로 진행하기로 결정한 것은 바로 이 때문이다. 하지만 단지 즐거움만을 위해 변화를 추구하는 것은 경계해야 한다. 몇몇 원칙은 진정성을 갖고 밀고 나가야 한다.

우리가 절대 포기하지 않고 가장 중요하게 고려해온 것은 바로 아이가 보여주는 의지이다. 이는 계획의 성공 가능성을 높이기 위해서뿐 아니라 의심을 품고 있는 부모의 지지를 얻기 위해서도 꼭 필요한 것이다. 아이의 자유로운 선택이 부모에게 불러일으키는 놀라움은 아이에 대한 평가를 조금씩 바꿔나갈 수 있는 초석이 된다. 또한 아이들이 보여주는 의지는 사회복지기관과 사법부에도 힘이 된다.

청소년 법정의 한 고문은 이러한 아이의 태도가 가진 의미를 다음과 같이 밝히고 있다. 그는 100건이 넘는 사건을 담당하고 있었기 때문에, 자신도 과오를 저지를 수 있다는 점을 인식하고 있었다.

"이 아이는 그저 혼자 사는 것만을 원하고 있었으나, 객관적으로 보아 그럴 수 있는 가능성이 없다고 판단했다. 어쨌든 바로 당장은 말이다. 하지만 그는 오이코텐 프로젝트에 참여하겠다는 의사를 밝힘으로써 대다수 사람들의 예측을 빗나가게 만들었다. 그는 법정 고문인 내 앞에 오이코텐이 이뤄낸 성과를 내밀었다. 나는 그 과정에 연관된 적도 없었다. 어쨌거나 그는 선발되었다. 이런 상황에서 보일 수 있는 반응은 두 가지다. 화를 내면서 반대하는 것 또는 그 계획의 가능성에 대해 재검토해보는 것. 내가 선택한 것은 두 번째였다."

우리가 계속 고수하는 또 다른 요소는 서면 협정이다. 이 방면에서 선구자 역할을 했던 얀 피터스 판사의 말을 다시 인용해보자.

"오이코텐이 한 미성년자를 맡겠다고 요구한 뒤, 사회기관들의 중재로 나와의 만남이 이루어졌다. 그리고 그때 협정이 체결되었다. 내가 보기에는 그 협정이 가장 중요한 의미를 지니고 있었다. 아이들을 보호하려는 모든 제도는 미성년자 입장에서 불확실성으로 가득 차 있다. 아이들은 자기 머리 위로 무엇이 떨어지게 될지 불안해한다.

미성년자들을 끝없는 불확실성 속에 방치한다는 것이 내가 모든 제도에서 비난하는 점이다. 그래서 기존 제도를 대체하는 방식을 선택할 경우, 나는 항상 협정의 방식을 따른다. 이 협정에는 나를 포함해 아이와 부모, 상임 대표자가 참석해 서류에 서명을 한다. 이 협정은 절대 공판정에서 행해지지 않는다. 당신과 5미터 떨어진 변호사석에 자리 잡고 있는 사람들을 올려다보며, 어떻게 편히 이야기할 수 있겠는가?"

청소년 담당 판사가 보기에 오이코텐의 프로젝트는 비행 청소년에게 제시되는 여러 대안 중 하나일 뿐이다. 하지만 이는 결코 평범하지 않은 선택이며, 분명 아무 아이에게나 권할 수는 없는 방향이다. 판사는 이 활동에 대해 다음과 같이 말한다.

"걷고 난 후 아이들이 참조할 수 있는 긍정적인 행위의 기억이 남는다는 것이 커다란 장점이다. 그 후로도 여러 종류의 사건들이 그들의 삶에 일어날 수 있겠지만, 그들은 마흔, 쉰, 예순 살이 되어도 젊은 시절에 경험한 여정에 의지할 수 있을 것이다. 내가 보기에 걷기란, 다른 나라에서 세 달 동안 체류하는 것 이상으로 어려운 일이다."

오이코텐에서 '계속 움직이는 상태로 있는다'는 것은 여전히 중요한 요소이다. 물론 아이들을 자유롭게 내버려두면서, 그들의 관심을 끄는 편이 더 쉬울 것이다. 그래서 구호기관 내에 쉬는 시간의 개념이 들어오게 된 것이다. 하지만 그러한 해법은 걷기와 노동이 핵심인 우리 단체와는 거리가 멀다. 만약 아이에게 편안한 안락의자와 걷기 중에서 하나를 선택하라고 했을 때, 걷기가 선택받는 상황은 매우 드물 것이다. 수요에 바탕을 둔 모든 구호기관은 여기서 한계에 부딪치게 된다. 그러나 다행스럽게도 우리보다 수요를 훨씬 더 중시하는 곳에서조차 아이에게 무조건적인 자유를 허락하는 경우는 드물다.

오이코텐은 단기 계약을 맺은 비전문적인 걷기 동행자들과 함께 일하는 데 많은 노력을 기울여왔다. 결코 성공을 보장할 수 없는 선택이었지만, 많은 사법관은 우리의 선택을 존중해주었다.

"자신의 경력을 여섯 달 동안 스스로 중단하고, 소위 문제아들과 함께 걷기로 결정한 사람들에게 나는 늘 감탄하고 있다. 그들이 머리가 길건 조금 이상한 모습을 하고 있건, 내게는 조금도 중요하지 않다. 이런 책임을 질 정도로 이타적인 사람은 어떠한 이유에서든지 아름답다. 오늘날 우리 사회에서 매우 보기 드문 태도이기 때문이다.

나는 지난주에 걷기를 중단한 아이를 보기 위해 한 단체를 방문했다. 동행자는 계속해서 그 아이와 만나고 있었다. 동행자에게는 개인적으로 아무 도움도 안 되는 일이다. 그는 정말로 다른 사람을 위해 이 일을 하는 것이다. 전에는 서로 알지도 못했던, 게다가 나이 차이까지 극복한 이들의 우정을 보고 깊은 감동을 받았다. 이런 만남은 아이에게 일종의 정착점이 될 수 있다. 몇몇 판사는 동행자의 의지와 이타주의보다는 이들의 비전문성에 집중하기도 한다. 그러나 진짜 중요한 것은 자연스러운 상호 관계다."

실제로 어떤 판사는 이러한 비전문성을 의지와 이타주의보다 심각한 것으로 여긴다. 그러나 더 중요한 것은 아이들과 관계를 맺는 능력이다. 한 판사는 동행자들에 대해 다음과 같이 평가했다.

"아이들과 함께 떠나려면 그럴 능력이 있어야 하지 않을까요? 아이들의 문제를 이해하고 그들의 고집과 공격성을 조절할 수 있어야 합니다. 내가 그럴 수 있을 거란 생각은 들지 않는군요. 동행자의 일에는 위험이 따를 수밖에 없습니다. 조약돌이 든 가방으로 머리를 맞은 동행자도 있다는 얘기를 들었습니다. 저는 이 동행자들이 아주 용감하고 유능하다고 생각합니다. 아이들과 관계를 형성하는 것 자체가 하나의 능력 아닐까요?"

오이코텐의 오늘

당국과의 지속적인 협정이 보장될 만큼 확고하게 정착하지는 못했을지라도, 플랑드르에서 오이코텐의 존재감은 확고하다. 한 청소년 담당 판사는 오이코텐에 대해 다음과 같이 증언한다.

"15년 전 오이코텐의 프로젝트는 정말 놀라운 것이었다. 이 모든 것은 아이들에게 청바지를 입히고 납처럼 무거운 배낭을 지운 다음 걷기 여행을 시킨 몇몇 이상주의자와 더불어 시작되었다. 이는 거의 비인간적이고 육체적인 형벌이나 마찬가지였다. 물론 실제로 입에 거품을 물진 않았지만 그 정도로 힘겨운 것이었다. 걷기의 이런 엄격한 측면은 유지되었으며, 걷기는 전체 프로젝트에 통합되는 정규 활동으로 자리 잡게 되었다. 어떤 이들은 걷기를 휴가의 독특한 형태라고 보지만, 참여한 청소년들에게는 그렇지 않다. 그들에게는 배낭을 메고 완수해야 할 임무가 주어진 것이다."

또 어떤 판사는 오이코텐의 걷기를 다른 관점에서 규정한다.

"이 프로젝트에서 내가 특히 충격을 받았던 점은 우리가 습관적으로 폐쇄기관으로 보내던 청소년들을 갑자기 풀어준다는 것이다. 어떤 중간 단계도 없다. 아이들은 감금 상황에서 벗어나 엄청난 자유와 대면한다. 아이가 걷기에 참여한다는 것은, 오이코텐의 프로젝트가 결코 처벌이 아니라는 신호라고 볼 수 있다. 하지만 그 아이를 폐쇄기관으로 보낸다면, 그는 이 조치가 처벌이라고 자동으로 인식하게 될 것이다."

우리가 피하고 싶은 문제들은 사방에서 생겨난다. 그러나 우리는 결코 동요하지도 서두르지도 않는다. 1996년 나라가 뒤트루^{Dutroux} 사건으로 발칵 뒤집혔을 때도 마찬가지였다.

내가 첫 번째 걷기에서 돌아온 지 일주일이 지났을 때, 연쇄살인범이자 아동 성추행범인 뒤트루가 체포되었다. 그리고 2년이 채 지나지 않아 나는 두 소년과 함께 다시 걷기 여행을 떠났다. 청소년 담당 판사도, 부모도, 행정기관도, 내가 아이들과 너무 가까이 있으면 위험할지도 모른다고 말하지 않았다. 둘 중 한 아이가 부상을 당해서 2주 동안 벨기에로 돌아와야만 했을 때, 나는 다른 한 명과 함께 체코의 오솔길을 계속 걸었다. 길에서 마주친 사람들에게 우리는 부자지간이 아니라고 분명히 말했음에도 그들은 어떤 질문도 하지 않았다. 벨기에 내에서 사람들은 우리에게 전적인 신뢰를 보내주고 있다.

물론 이는 오이코텐이 여러 문제들에 접근하면서 보여준 직업 정신과, 프로젝트의 책임자가 부모들과 형성한 신뢰 관계를 통해 얻은 것이다. 콤포스텔라 길에서 오이코텐이라는 단체는 더 이상 낯선 이름이 아니다. 사람들은 우리의 커다란 배낭을 멀리서부터 알아본다. 그리고 걸을 때마다 도보여행자들이 우리에게 다가와서 함께 걷는다. 그들은 우리에게 일종의 사회적 감독관 같은 역할을 한다고 볼 수 있다.

한 판사는 도보여행자들을 향해 이런저런 위험들을 예상하는 것이 오히려 놀랍다고 말한다.

"나의 장남은 상선商船 학교에 들어갔다. 내 형제들은 내게 이렇게 묻는다. '그거 위험하다고 생각하지 않니?' 그럼 나는 이렇게 대답한다. '그래서? 대부분의 사람들은 침대에서 죽잖아. 그리고 대다수의 사고는 집과 관련해서 일어나지'."

오이코텐의 미래

30년간의 노력에도 불구하고, 오이코텐은 보호가 필요한 청소년들을 대상으로 하는 국가의 공식적인 제안이나 정책으로는 여전히 자리를 잡지 못하고 있다. 그리고 우리는 이 점에 대해 심각하게 고민하고 있다. 정부는 조만간 허리띠를 졸라매야 한다는 걸 알고 있다. 그리고 각 시설이 따라야 할 기준을 강화하는 작업을 진행 중이다. 예산 삭감으로 인해 공공기관에서 수용할 수 없는 아이들이 늘어나면, 결과적으로 우리 단체가 더 많은 아이들을 맡아야 할지 모른다.

관청들은 아이가 환경 변화 프로젝트에 참여하는 것이 어떤 효과를 가져오는지 밝히는 통계를 제시한다. 여기에는 아이의 소외감을 덜어주면서 더 이상 범죄의 길에 빠지지 않도록 하고, 치료기관으로 되돌아가는 것을 막는다는 내용이 들어 있다. 이 프로젝트의 효과를 과학적으로 조사하기 위해서는 우선 많은 표본을 확보해야 한다. 그런데 매년 참가하는 인원이 열여섯 명에 불과하다 보니, 오랜 시간이 소요될 수밖에 없다. 이 점 때문에 관청의 지원을 받기가 더욱 어렵다.

　장관의 요청으로 실행된 클레르 랑소네Claire Ransonnet의 연구 중 일부는 오이코텐 프로젝트와 비교하여 참고할 만하다. 환경 변화 프로젝트에 자원한 왈로니아Wallonia 지역의 청소년 마흔 명을 열두 건의 심층 인터뷰를 통해 조사한 것으로, 이 연구의 결론은 매우 고무적이었다. 환경 변화 프로젝트를 마치고 여섯 달 후, 관련 청소년 중 75퍼센트가 다시 범죄를 저지르지 않았으며, 조사에 참여한 아이들 중 67퍼센트가 교육 프로그램에 참여하였고, 70퍼센트가 질적으로 더 나은 삶을 누리게 되었다.

　우리는 오이코텐의 활동 규모를 확대하기 위해 더 큰 조직으로 통합되기를 바란다. 3년 전에 오이코텐과 '낮은 곳Bas s'est'의 통합이 추진되었고, 그 결과 비영리 단체인 오이코텐이 더 큰 규모의 비영리 단체인 '알바Alba'에 의해 합병되었다. 이러한 통합은 필요한 단계였으나, 아마 당국의 눈에는 충분하지 않게 보였을지도 모른다. 하지만 이 모든 시도가 어떤 결과에 이르게 될지는 아직 아무도 알 수 없다. 우리는 재정적으로 플랑드르 공동체에 의존하고 있긴 하지만, 벨기에 연방 정부가 처한 곤경으로 인해 별다른 효과를 얻지 못하고 있다.

　주요 사업에는 현재 공공기관들이 전적으로 투자하고 있는데, 공공기관들은 아이들에 대해서는 매우 강제적인 모습을 보이기도 한다. 현재 우리 사회는 억압의 측면을 강조하는 우파적 사고를 지향하고 있다. 하지만 다른 방식도 존재한다. 우리가 아이들을 희생자로 옭아매지 않는 한, 그들을 통제하고 길들여야 할 필요가 전혀 없다. 오이코텐은 바로 이 점을 보여주고 있다. 자신의 한계를 시험해보는 프로젝트를 제안함으로써 우리는 아이들을 더 강하게 만들어준다. 이러한 관점에서 볼 때, 방법이 반드시 걷기일 필요는 없다. 올해에도 우리는 외국에 있는 보호 가정에서 일을 하며 체류하는 프로젝트를 아이들 다섯 명에게 제안한 바 있다.

오이코텐은 손을 놓고 있지 않을 것이다. 새로운 관계를 만들기 위해 이동하는 것과 거리를 이용하는 것, 이것이 우리의 주된 방식이며 앞으로도 계속 밀고 나갈 것이다. 하지만 이 생각을 어떤 방식으로 실현할 것인지는 매번 검토해보아야 한다. 청소년 담당 판사의 진술을 다시 언급해보자.

"오이코텐의 프로젝트에는 우리를 진정 기쁘게 해주는 무언가가 있다. 아이들과 생산적인 관계를 맺고 또 유지하길 바라는 사람들이 우리 사회에 아직 존재한다고 말할 수 있기 때문이다. 오늘날 언론이나 정당에서는 범죄를 저지른 청소년들을 억압해야 한다고 부르짖지만, 오이코텐은 이들에게 기회를 주려고 한다. 이는 때로 헛된 노고로 드러나기도 하며, 판사로서 이런 종류의 조치를 취하게 되면 바로 방임주의자로 분류되기도 한다. 아이들에게 기회를 계속 줘야 한다는 것에 동의하는 사람들, 그리고 아이들의 내면에 대한 믿음을 가지고 있는 사람들이 아직도 있다는 사실이 놀라울 뿐이다."

나는 한 아이의 고백으로 마지막을 대신하고자 한다. 이 글에서 그들의 목소리가 거의 드러나지 않았기 때문이다. 결국은 그들에 대한 이야기인데도 말이다.

"그 당시에 나는 그냥 단순하게 걷기를 받아들였죠. 어쨌든 그것도 어느 정도는 강요된 거잖아요. 하지만 그건 정말 특별한 순간이었고, 결국 걷기는 네 달 동안 날 안전하게 지켜줬어요. 걷기가 끝나고 우린 돌아왔고, 뭐 이렇게 다시 만났네요. 그러니까 그냥 에피소드 같은 거였어요. 여기서 시작하고, 저기서 끝내고, 그다음엔 그냥 돌아오는 거죠.

출발할 때, 사람들은 우리에게 이렇게 말했어요. '너희들에겐 100일 동안 생각해볼 시간이 있단다. 그게 너희를 바꿔놓을 거야.' 하지만 당장 그렇게 느끼지는 않았어요. 난 그냥 멍청하게 떠났고, 그 후엔 왠지 이게 멋지다고 생각했어요. 소년원은 내 취향이 아니거든요. (웃음) 하지만 걷기는 완전 내 취향이었어요. 나에게 잘 맞았고, 내가 찾던 거였죠.

자연, 마을, 사람들의 환대…… 이 모든 게 나에겐 새로웠어요. 벨기에에서는 항상 도시에서 살았고, 다른 건 몰랐거든요. 걷는 동안 난 시골을 알게 되었어요. 이런 경험이 나를 바꿔놓은 걸까요? 당시에는 아무 생각도 없었지만, 돌아보니 진짜 제대로 배운 거 같아요. 동시에, 난 언제나 잭키로 남아 있어요."

쇠이유, 문턱이라는 이름의 기적

길 잃은 아이들의 길 찾기 프로젝트

1판 1쇄 발행 | 2014년 6월 5일
1판 2쇄 발행 | 2015년 7월 30일

지은이 베르나르 올리비에·다비드 르 브르통·다니엘 마르첼리
옮긴이 임수현

펴낸이 송영만
디자인 자문 최웅림

펴낸곳 효형출판
출판등록 1994년 9월 16일 제406-2003-031호
주소 413-756 경기도 파주시 회동길 125-11(파주출판도시)
전자우편 info@hyohyung.co.kr
홈페이지 www.hyohyung.co.kr
전화 031 955 7600 | **팩스** 031 955 7610

ISBN 978-89-5872-128-4 03370

값 13,000원

이 도서의 국립중앙도서관 출판시도서목록(CIP)은 서지정보유통지원시스템 홈페이지
(http://seoji.nl.go.kr)와 국가자료공동목록시스템(http://www.nl.go.kr/kolisnet)에서
이용하실 수 있습니다.(CIP제어번호: CIP2014015324)